Armin Krenz

Wie Kinder Werte erfahren

Armin Krenz

Wie Kinder Werte erfahren

Wertevermittlung und Umgangskultur
in der Elementarpädagogik

Herder Freiburg · Basel · Wien

Im Herder Verlag sind vom Autor bisher folgende Bücher erschienen:
- Bewegung im „Situationsorientierten Ansatz". Neue Impulse für Theorie und Praxis (zusammen mit R. Raue), 2. Aufl. 1997
- Der „Situationsorientierte Ansatz" im Kindergarten. Grundlagen und Praxis, 12. Aufl. 1998
- Die Konzeption – Grundlage und Visitenkarte einer Kindertagesstätte. Hilfen zur Erstellung und Überarbeitung von Einrichtungskonzeptionen. 3. Aufl. 1998
- Entwicklung und Lernen im Kindergarten. Psychologische Aspekte und pädagogische Hinweise für die Praxis (zusammen mit H. Rönnau), 7. Aufl. 1997
- Handbuch Öffentlichkeitsarbeit. Professionelle Selbstdarstellung für Kindergarten, Kindertagesstätte und Hort, 3. Aufl. 1999
- Kinderfragen gehen tiefer, 3. Aufl. 1996
- Kompetenz und Karriere. Für ein neues Selbstverständnis der Erzieherin, 3. Aufl. 1999
- Was Kinder brauchen. Entwicklungsbegleitung im Kindergarten, 3. Aufl. 1998
- Was Kinderzeichnungen erzählen, 4. Aufl. 1998

Anschrift des Autors:
Dr. Armin Krenz
c/o Institut für angewandte Psychologie und Pädagogik
Alter Markt 14
24103 Kiel

Umschlaggestaltung: Joseph Pölzelbauer, Freiburg
Umschlagfoto: Hartmut W. Schmidt, Freiburg

Satz: Barbara Herrmann, Freiburg
Druck und Bindung: Freiburger Graphische Betriebe 1999
ISBN 3-451-26504-4

Inhalt

Vorwort

Sie haben sich entschlossen, dieses Buch zu lesen. Dafür mag es ganz unterschiedliche Gründe geben. Auf der einen Seite sind Sie vielleicht von der bewährten und stets aktuellen Reihe fasziniert und erhoffen sich eine spannende Lektüre. Auf der anderen Seite kann es sein, daß Sie dieser Buchtitel angesprochen hat und Sie sich nun auf die inhaltliche Bearbeitung des Textes einlassen möchten. Es kann aber auch in Betracht gezogen werden, daß Sie immer schon auf der Suche nach einer Buchveröffentlichung waren, die pädagogische Themen mit dem persönlichen Selbstverständnis und den eigenen beruflichen Einstellungen und Sichtweisen verbindet.

Dieser Publikation liegt folgender Gedanke zugrunde: Keine Pädagogik, welcher Richtung sie auch immer entstammt, kein pädagogischer Ansatz, wie immer er auch heißen mag, und kein pädagogisches Programm, wozu es auch immer gedacht ist, kann losgelöst von den Personen betrachtet werden, die in der Pädagogik arbeiten. Menschen und ihre besonderen Tätigkeiten sind immer miteinander verbunden; so kommt es darauf an, ob jemand etwas mit Liebe oder Gleichgültigkeit, mit Elan oder Kraftlosigkeit, mit Neugierde oder Desinteresse bzw. mit Freude oder Lustlosigkeit ausführt. Im Unterschied zu anderen Handwerken, wo es beispielsweise um die Arbeit mit Steinen, Maschinen oder mit einer bestimmten Technologie geht, lebt das „Handwerk Pädagogik" aus und durch die Art und Weise enger Beziehungen zwischen Menschen. Dabei kommt der Kindergartenpädagogik eine besonders wichtige Rolle zu: Kinder verbringen einen großen Teil ihres Lebens in den elementarpädagogischen Einrichtungen und werden durch die vielen Eindrücke, die auf sie einströmen, geprägt. Wenn demgegenüber von manchen Seiten behauptet wird, der Kindergarten spiele nur eine Rolle neben anderen, wichtigeren Einflußgrößen (beispielsweise der Familie, dem Wohnumfeld, den Medien), dann kann diese Aussage so nicht stehengelassen werden. Der Kindergarten hat einen nicht zu unterschätzenden Einfluß auf die Entwicklung von Kindern. Und Sie, die Sie in der Pädagogik tätig sind, gestalten das Leben der Kinder aktiv mit.

Max Frisch, ein bekannter schweizer Schriftsteller, dem es hauptsächlich um die Frage nach der Identität des Menschen mit sich und seiner Umwelt ging, hat es in seinem ersten Tagebuch einmal so formuliert:

... auch wir sind die Verfasser der andern; wir sind auf eine heimliche und unentrinnbare Weise verantwortlich für das Gesicht, das sie uns zeigen, verantwortlich nicht für ihre Anlage, aber für die Ausschöpfung dieser Anlage.[1]

Vier Begriffe faszinieren besonders, machen betroffen, erschrecken vielleicht sogar und lassen Spannung aufkommen. Zunächst heißt es in dem Ausspruch, daß auch wir „Verfasser" von anderen Menschen seien. Verfasser – es ist möglich, Bücher und Manifeste, Resolutionen oder Aufrufe zu verfassen. In ihnen steckt immer etwas ganz Wichtiges. Es wurde auf Papier gedruckt, unauslöschlich, jederzeit nachlesbar und festgeschrieben. Verfasser stehen mit ihrem Namen für das gerade, was sie in entsprechende Formulierungen gefaßt haben. Verfasser kön-

---

[1] M. Frisch: Tagebuch 1946–1949, Frankfurt 1985, S. 29.

nen immer zur Rechenschaft gezogen werden, so daß sie ihre Aussagen begründen, erläutern und vielleicht sogar einmal rechtfertigen müssen. Auch Erzieherinnen[2] sind Verfasser – von Konzeptionen, Kindergartenzeitungen, Fachartikeln und eben auch von Menschen. Tagtäglich gehen einige hunderttausend Kinder in bundesdeutsche Kindergärten und erleben eine Pädagogik, die ebenfalls von Erzieherinnen verfaßt wurde. So unterschiedlich Kinder sind, so unterschiedlich sind die vielen Facetten der Erwachsenentätigkeit.

Das Buch möchte Sie daher persönlich einladen, sich mit der Verantwortung des „Verfasser-Seins" von Menschen – Kindern, Eltern und Kolleginnen – zu beschäftigen.

Das zweite Wort in dem kurzen Text, das bedeutsam ist, lautet „heimlich". Vielleicht denken Sie zunächst an die Heimlichkeiten, die in unserem Leben eine Rolle spielen. So wird es immer Dinge geben, die wir lieber für uns behalten möchten, und wir werden vieles dafür tun, daß heimliche Dinge nicht öffentlich und bekannt werden. Etwas heimlich tun heißt, hinter dem Rücken anderer Menschen zu agieren, Informationen zurückzuhalten und einen Schutz um diesen bestimmten Umstand zu bauen. Es gibt Heimlichkeiten, die zum Wohle anderer Menschen unternommen werden (beispielsweise beim Einkauf von Geschenken für Freunde, den Lebenspartner, die eigenen Kinder), doch es gibt auch Heimlichkeiten, die darauf ausgerichtet sind, anderen Personen zu schaden (indem beispielsweise Intrigen geschmiedet, heimliche Absprachen getroffen, Gefahrenquellen für andere initiiert werden). So wie es der große Kom-

---

[2] Im folgenden wird die Berufsbezeichnung in der weiblichen Form verwendet, da überwiegend Frauen in diesem Beruf arbeiten. Erzieher mögen sich aber ebenso angesprochen fühlen.

munikationswissenschaftler Paul Watzlawick einmal formuliert hat, daß Menschen „nicht nicht kommunizieren können" – also immer mit ihrem Verhalten etwas bewirken –, bedeutet das für die Pädagogik, daß auch sie immer wirksam ist!

Das Buch möchte Sie daher persönlich einladen, sich mit den vielen „heimlichen Wirkungen" in der Pädagogik auseinanderzusetzen.

Dann wird in dem zitierten Text von Max Frisch von der „Unentrinnbarkeit" gesprochen. Dieser Begriff wirkt vielleicht auch auf Sie eher düster, beängstigend, ja vielleicht sogar erschrekkend. Denken wir einmal an Situationen, denen wir nicht entrinnen können: beispielsweise der Umstand, bei einer einsamen Bergtour in eine Felsspalte zu fallen, ohne Aussicht auf Hilfe. Oder bei einem Spaziergang im Wattenmeer während der Ebbe plötzlich von der näherkommenden Flut überrascht zu werden, und weit und breit sind kein Schiff und keine Rettungsboje in Sicht. Denken wir an den schmerzvollen Verlust eines lieben Menschen, der durch einen Unfall für immer aus dem Leben gerissen wurde, oder stellen wir uns vor, daß sich bei einem Sprung mit dem Fallschirm dieser sich nicht öffnet.

Es gibt allerdings auch unentrinnbare Ereignisse, die in der Regel mit sehr viel Freude verbunden sind: beispielsweise der Gewinn eines großen Preises bei einem Preisausschreiben oder einer Lotterie, die Geburt eines Kindes, ein neuer Arbeitsplatz nach monatelangen, erfolglosen Bewerbungen oder das plötzliche Wiedersehen einer Person, die man seit vielen Jahren aus den Augen verloren hat. Nun steht sie vor einem, und unentrinnbar ist man selbst dem Ereignis ausgesetzt, vor Freude zu weinen.

Die Situation der „Unentrinnbarkeit" beinhaltet Unglück und Glück, Anspannung oder Entspannung, Trauer oder tiefe Zufriedenheit. So geht es auch Kindern im Kindergarten. Eine lebendige, fröhliche, glücklich-machende Pädagogik spricht Kinder an und läßt sie vielleicht manches Mal hoffen, daß sie noch länger im Kindergarten bleiben können, daß es vielleicht zu Hause genauso schön sein sollte und daß die Kindergartenzeit nie aufhören möge. Demgegenüber sind Kinder aber auch unentrinnbar einer Pädagogik ausgesetzt, die weniger lebendig, starr und langweilig ist. In diesem Fall würde es bedeuten, daß Kinder nicht einfach ihren Rucksack packen könnten mit ihrem Lieblingsspielzeug, vielleicht einer Dauerwurst und anderem Proviant, dem Kindergarten den Rücken zudrehen und selbstbewußt, fröhlich den anderen Kindern sowie Erzieherinnen zuwinken mit den Worten: „Das war's. Und tschüß!" Kinder sind den Institutionen Familie und Kindergarten, den Eltern und Erzieherinnen, ihrem Lebensumfeld und den Lebensbedingungen unentrinnbar „ausgeliefert".

Das Buch möchte Sie daher persönlich einladen, sich mit der Bedeutung der „Unentrinnbarkeit" zu befassen.

Schließlich gibt es das vierte Wort: Wir sind „verantwortlich". Wenn wir uns in unserem Leben umschauen, dann gibt es viele Verantwortlichkeiten: als Mutter bzw. Vater für das seelische, geistige und körperliche Wohl eines Kindes aktiv zu sorgen, als Arbeitnehmer Steuern zu zahlen, um einen persönlichen Beitrag für das Allgemeinwohl zu leisten, als Verkehrsteilnehmer die vielen Regeln, Gebote und Verbote zu beachten, um Unfälle auszuschließen, als Mitglied einer Gruppe einen Beitrag für ihren Weiterbestand zu leisten, sich ausgewogen zu ernähren oder auf die Einnahme von Drogen zu verzichten, um verantwortlich mit dem eigenen Körper umzugehen, die Musik in der eigenen Wohnung in der Lautstärke zu hören, daß es die Nachbarn nicht stört, oder ein Konfliktverhalten zu zeigen, das Konflikte mit anderen lösbar werden läßt.

Auch die Pädagogik ist verantwortlich für die Entwicklung der Kinder, für die Entwicklung der Eltern, Kolleginnen und selbstverständlich auch für die eigene Entwicklung. Niemand kann sich dieser Verantwortung entziehen, und da kann es sein, daß manche Mitarbeiterinnen auch an dieser gespürten Verantwortung verzweifeln. Es ist eine schwere Bürde, die Erzieherinnen – ebenso wie Lehrerinnen, Ärztinnen und andere Kräfte in der Sozial-Pädagogik/Medizin/Psychologie – mit ihrer Arbeit auf sich genommen haben.

Das Buch möchte Sie daher persönlich einladen, sich auf die „Verantwortung in der Pädagogik bzw. auf die Verantwortlichkeit für sich selbst" einzulassen.

Jetzt haben Sie meine vier Einladungen gelesen, und ich hoffe sehr, daß sie Ihren Ansprüchen an das Buch bzw. Ihren Wünschen nahekommen. Viel Freude und Nachdenken beim Lesen!

Jedes Buch lebt aus persönlichen Erfahrungen, die dazu geführt haben, sich einem ganz bestimmten Thema zu widmen. Bei dem Schwerpunkt „Werte und Umgangskultur in der Elementarpädagogik" fallen mir bestimmte Situationen und Personen ein, die indirekt dafür gesorgt haben, daß diese Publikation zustande kommen konnte. Ihnen gilt mein besonderer Dank. Ich möchte den Menschen meine Wertschätzung dadurch ausdrücken, daß ich sie an dieser Stelle besonders erwähne:

Anke Griese arbeitet im Kindergarten Huckepack in Hüllhorst. Ihr Engagement für eine professionelle Pädagogik ist sicherlich beispielhaft zu nennen.

Gudrun Leimcke ist in der Kindertagesstätte Wirbelwind in Jena tätig. Ihre Ernsthaftigkeit, Vergangenheit zu begreifen und mit Erfahrungen sowie Erlebnissen der Gegenwart zu verknüpfen, besitzt eine menschliche und pädagogische Tiefe, die ich nur selten in der Pädagogik spüren durfte.

Schwester Marianne Holzer, FDC, arbeitet im katholischen Kindergarten in Edling. Ihre Neugierde und Aufgeschlossenheit, ihre Herzlichkeit und Offenheit zeigten mir selbst immer wieder aufs neue, was es bedeutet, humane Qualitäten im Alltag zu leben.

Roswitha Burkard aus Karben ist Mutter eines Sohnes und engagiert sich für eine kindorientierte Elementarpädagogik. Wo vielleicht andere Eltern den Aufwand und die Mühe scheuen würden, sich mit großem Zeitaufwand zu engagieren, gibt sie sich mit ihrer ganzen Person in Diskussionen ein, um für Kinder neue Spielräume zu schaffen.

Franz-Josef Stevens ist Leiter der Volkshochschule Dorsten. Er läßt sich von den Fort- und Weiterbildungsbedürfnissen vieler Erzieherinnen des Einzugsbereiches immer wieder motivieren, gute und qualitätsorientierte Seminare anzubieten.

Pastor Dr. Wolfgang Deresch ist als Fachberater für evangelische Kindergärten in Elmshorn tätig. Sein humanes Denken und Wirken hinterläßt tiefe Spuren bei den Menschen, die sich auf seine Worte und seine Forderungen einlassen.

Und schließlich denke ich an die Begegnungen mit Prof. Rudolf Seitz. Seine wundervolle Art, fachliche Inhalte mit Freundlichkeit, Humor und Klarheit zu verbinden, läßt Gespräche zu immer neuen Erlebnissen werden.

1 Eine Welt im Umbruch für Erzieherinnen und Kinder – Eine Bestandsaufnahme

1.1 Widersprüche in der Elementarpädagogik – Anspruch und Wirklichkeit

Es gibt in den vielen Arbeitsfeldern der Pädagogik und Psychologie je nach Schwerpunkt und ihrer Ausrichtung eine unüberschaubare Menge formulierter Ziele, die die jeweilige Disziplin in ihrer Arbeit mit Menschen zu erreichen versucht. Als Beispiele seien die Berufs-, Heil-, Sonder-, Schul-, Freizeit-, Auffälligen-, Sexual- und Spielpädagogik bzw. die Lern-, Betriebs-, Entwicklungs-, Experimental-, Emotions-, Gestalt-, Gruppen-, Konflikt-, Persönlichkeits-, Test-, Tiefen- oder Wahrnehmungspsychologie genannt.

Nicht anders sieht es in der Elementarpädagogik aus. Fragt man pädagogische Fachkräfte in der Praxis, was sie durch ihre Tätigkeit mit Kindern erreichen möchten, so treffen wir u. a. auf folgende Antworten: Die Kinder sollen die Möglichkeit erhalten,

- sich in ihrer Gesamtentwicklung zu entfalten;
- Selbständigkeit auf- und auszubauen;
- Kontakt mit anderen Kindern zu erleben;
- Konflikte auf eine angemessene Art und Weise auszutragen;
- die Zeit ihres Kindseins zu genießen;
- wesentliche Regeln einer Umgangskultur zu erfahren;
- sich von erlebten Erfahrungen gefühlsmäßig zu befreien;
- bedeutsame Traditionen kennenzulernen;

- eine christliche Grundhaltung auf- bzw. auszubauen;
- mit Zeit und in Ruhe Fähigkeiten und Fertigkeiten zu entwickeln;
- Werte einer sozialen Kommunikationskultur zu verinnerlichen;
- Liebe zu anderen Menschen und Respekt zu erfahren und in sich aufzunehmen;
- sich gezielt auf die Schule vorzubereiten;
- Aggressionen abzubauen und Belastbarkeit aufzubauen;
- Anregungen für die Gestaltung ihres späteren Lebens zu bekommen.

Diese Liste könnte sicherlich mit vielen weiteren Beispielen vervollständigt werden.

Wichtig ist zunächst einmal, daß wir feststellen können: Es gibt auch in der Elementarpädagogik sehr viele (vor-)formulierte Ziele für Kinder. Das ist auch gut so! Eine Pädagogik ohne Zielorientierung würde sich schnell in Widersprüche verwickeln, Mitarbeiterinnen würden orientierungslos agieren, vielleicht sogar in einen „blinden Aktionismus" fallen und die Berechtigung eines eigenen Profils überflüssig werden lassen. Gleichzeitig reichen für eine qualifizierte Pädagogik selbstverständlich solche grob gehaltenen Richtziele nicht aus. Vielmehr geht es darum, formulierte Richtziele in viele Grob- und Feinziele zu zerlegen. Nicht um ihrer selbst willen oder weil es vielleicht den pädagogischen Fachkräften Freude bereitet, eine solche Arbeit auf sich zu nehmen, oder um danach die Kinder auf die vorformulierten Ziele einzustimmen, sondern um für sich selbst (!) einen Handlungsrahmen zu schaffen, mit dessen Hilfe es möglich sein wird, eigene Ansprüche und die geleistete Tätigkeit miteinander zu vergleichen. Daher wird die Frage in der pädagogischen Praxis lauten: Habe ich das, was ich vorhatte, auch wirklich erreicht?

Wie habe ich es geschafft, was habe ich im einzelnen dafür unternommen, was klappte gut, und was ist schiefgegangen, was habe ich übersehen, und was muß demnächst intensiver in den Mittelpunkt meiner Tätigkeit rücken, wo muß ich genauer hinschauen, und welcher Arbeits- oder Zeitaufwand rechtfertigt meinen persönlichen/ beruflichen Einsatz?

Erzieherinnen haben viele Ansprüche, beispielsweise
– an Kinder und ihre Eltern;
– an den Träger bzw. an Rahmenbedingungen;
– an Kolleginnen und andere vernetzte Institutionen und
– meistens auch an sich selbst.

Vergegenwärtigen wir uns auf der einen Seite die Ansprüche an Kinder oder durch die Formulierungen des Erziehungs-, Bildungs- und Betreuungsauftrages an die Pädagogik, und vergleichen wir diese auf der anderen Seite mit den Ergebnissen, dem „Output" der Arbeit, dann treten nicht selten Unterschiede zwischen den Ansprüchen und der Wirklichkeit zutage. Theorie und Praxis sind häufig nicht deckungsgleich, so daß sich zunächst eine weitere Frage anschließt: Wodurch kann es kommen, daß Deckungsungleichheiten auftreten, Ziele nicht erreicht oder nur im Ansatz umgesetzt werden konnten? Eine Antwort lautet: Ziele für Kinder können nur dann erreicht werden, wenn man selbst diese Ziele zu einem festen Bestandteil der eigenen Person verinnerlicht hat. Sie sind in diesem Fall ein integriertes Merkmal der eigenen Identität. So kann beispielsweise das Ziel „mit Kindern Ruhe erleben" nur dann für Kinder erfahrbar werden, wenn Erzieherinnen grundsätzlich Ruhe in sich tragen. Stellen Sie sich demgegenüber eine aufgeregte, hektische und nervöse Kollegin vor, die irgendwelche „Ruheübungen" mit Kindern durchzuführen versucht. Stellen

Sie sich weiter vor, die Kollegin spricht schnell, mit lauter Stimme und gibt schließlich stimmgepreßte Anweisungen. Irgend etwas kann da nicht stimmen! Ein anderes Beispiel: Stellen Sie sich vor, es würde ein Thema mit dem Schwerpunkt „Freude" erarbeitet werden und die Kolleginnen würden mißmutig und genervt irgend etwas dazu anbieten. Auch da würde etwas nicht stimmen. Ansprüche an Kinder sind daher immer zunächst Ansprüche an die eigene Person. Wer beispielsweise

– den Kindern dabei helfen möchte, mit Wut, Traurigkeit, Ärger oder Angst umzugehen, wird es am ehesten können, wenn er selbst in die schwierige Arbeit einsteigt, sich den eigenen Gefühlen zu stellen, sich mit ihnen intensiv auseinanderzusetzen, in die Tiefe der Gefühlswelt einzusteigen;

– bei Kindern eine Wahrnehmungsoffenheit erreichen möchte, wird dies am ehesten schaffen, wenn er selbst die eigenen Blicke schweifen läßt und die Vielfalt der Ereignisse um sich herum zu sehen und zu verstehen weiß;

– den Kindern helfen möchte, ihr Selbstwertgefühl auf- oder auszubauen, wird es am besten schaffen, wenn er selbst ohne Angst auf schwierige Situationen zugeht, seine Anstrengungen im Hinblick auf seine Zielerreichungen immer wieder erhöht und mit Stolz auf eigene Erfolge zurückblickt;

– die Aufmerksamkeit und Konzentration der Kinder fördern möchte, wird es viel leichter schaffen, wenn er selbst den vielen, ungezählten kleinen Ereignissen um sich herum immer wieder mit großer Aufmerksamkeit begegnet und gleichzeitig mit einer hohen Aufmerksamkeit versucht, die Sinnzusammenhänge zu verstehen;

– die Kritikfähigkeit der Kinder unterstützen möchte, wird dies sicherlich am besten erreichen, indem er selbst Kritik sucht, sich selbstkritisch betrachtet und Fremdkritik akzeptiert, um in einem gemeinsamen Lösungsgespräch bzw. in ei-

ner Auseinandersetzung mit sich selbst Konsequenzen abzuleiten;
— den sozialen Umgang der Kinder untereinander stärken möchte, wird dies am besten erreichen, wenn er seine eigenen sozialen Fähigkeiten einer kritischen Betrachtung unterzieht und seine eigene Sozialkompetenz Stück für Stück, Tag für Tag und Woche für Woche ausbaut.

Zusammengefaßt und auf den Punkt gebracht heißt dies: Für Kinder formulierte Ziele und Ansprüche sind zunächst immer für sich selbst formulierte Ziele und Ansprüche. Erreichte Ziele für sich selbst sind die Grundlage für die Ziele bei und mit Kindern und anderen Menschen.

Solange Ziele und Ansprüche, die für andere formuliert sind, nicht eine besondere Bedeutung für die eigene Person bekommen, solange bleiben sie häufig nur theoriebesetzte Absichtserklärungen, die sich zwar gut anhören oder beachtenswert in Konzeptionen lesen lassen, aber dennoch ohne Wirkung bleiben. Ab dem Zeitpunkt aber, an dem klar formulierte Ziele die Chance erhalten, daß sie auf die eigene Person übertragen werden, ab dem Zeitpunkt wird Theorie zur Praxis. Neben einer persönlichen und beruflichen Erweiterung des Lebens- und Handlungsspektrums dient dies auch einer weiteren Profilierung der Elementarpädagogik, des Teams und der Einrichtung selbst. Damit wird eine Entwicklung vorangetragen werden, die allen Beteiligten zugute kommt. Ansprüche werden so zur Wirklichkeit und Widersprüche zur Unwirklichkeit.

Gedankensplitter:

Was wir im gemeinsamen Leben
mit Kindern brauchen,
ist keine neue Theorie
über Erziehung und Entwicklung,
sondern ein neues Umgehen
mit allen uns bisher
bekannten Ergebnissen.
Allerdings ist nicht ausgeschlossen,
daß ein neues Umgehen mit den Ereignissen
zu einer neuen Theorie führt,
die ab dem Zeitpunkt Gültigkeit besitzt,
an dem sie sich in der Praxis finden läßt.

(Armin Krenz)

1.1.1 „Ich weiß nicht, wo mir der Kopf steht" – Streß und seine Folgen

Es ist noch früh am Morgen; die Erzieherin betritt das Kindergartengelände und glaubt zunächst, nicht richtig zu schauen: Vor dem Kindergarteneingang liegen Glassplitter weit verstreut. Wie sie erkennen kann, sind es Splitter von Bier- und Weinflaschen. Wie schon einmal vor ein paar Wochen, als sich im nachhinein herausgestellt hatte, daß Jugendliche den Eingangsbereich als Unterstellplatz genutzt und dabei Alkohol getrunken haben. Sie denkt: „Das darf doch nicht wahr sein. Fängt die Arbeit schon vor dem Eintreffen des ersten Kindes an? Was kann alles passieren, wenn Kinder sich an den scharfen Scherben schneiden? Nicht auszudenken. Die Jugendlichen wissen doch, daß hier ein Kindergarten ist."

Das erste Gedankenrezept macht sich breit:

„Nun hol am besten sofort einen Besen, ein Kehrblech und einen Eimer und feg das Ganze schnell und sorgfältig zusammen, bevor sich Kinder verletzen können. Es ist wie verhext. Immer trifft es mich, wenn solche Arbeit anliegt. Warum komm' ich auch so früh?"

Nach getaner Arbeit will die Erzieherin ihren Mantel an der Garderobe aufhängen. Doch weit gefehlt. Unaufhörlich klingelt das Telefon und zerstört mit seinem durchdringenden Läuten die Ruhe des Hauses. Die Erzieherin läuft zum Büro und merkt, daß der Raum abgeschlossen ist. Das Telefon läutet weiter. Also heißt es, den Schlüsselbund zu suchen, den passenden Schlüssel herauszufinden und das Zimmer aufzuschließen. Sie eilt zum Telefonhörer, nimmt ihn auf und wird mit einem Freizeichen begrüßt. Am anderen Ende hat der Anrufer aufgelegt.

Schon macht sich das zweite Gedankenrezept bemerkbar:

„Konnte der Anrufer nicht etwas länger warten? Entweder will mich jemand ärgern, oder es ist Zufall, daß gerade im Augenblick der Hörerabnahme das Gespräch nicht mehr gewünscht wird. Nur ist ja weithin bekannt: Zufälle gibt es nicht. Vielleicht war es ja die Kollegin …, um sich krank zu melden. Schon gestern fühlte sie sich nicht wohl, und möglicherweise hat sich ihre Krankheit über Nacht verschlimmert. Auch das noch – wer übernimmt jetzt ihre Gruppe? Die Zweitkraft ist in dieser Woche zur Fortbildung …"

Die Erzieherin verläßt das Büro, um den Mantel aufzuhängen, da klingelt schon wieder das Telefon. Sie dreht sich um, läuft zum Telefonapparat und meldet sich. Am anderen Ende der Leitung ist eine Mutter und möchte wissen, ob am heutigen Tage ihre Tochter das Turn- oder Badezeug mitbringen solle.

Die Erzieherin antwortet ihr gerne und freut sich, daß sie auf diese Weise endlich die Mutter des Mädchens sprechen kann. Sie hat in den vergangenen Tagen schon des öfteren den Kontakt gesucht, doch aus irgendwelchen Gründen ist er nicht zustande gekommen. So berichtet die Erzieherin kurz von bestimmten Beobachtungen über das Kind. Währenddessen hört sie die Eingangstüre laut zufallen. Sie bittet die Mutter um etwas Geduld und erklärt, daß sie einmal kurz nachschauen müsse, wer schon so früh zum Kindergarten gekommen sei. Sie legt den Hörer auf den Schreibtisch, geht zur Tür, kann aber niemanden sehen.

Das dritte Gedankenrezept beginnt zu wirken:

„Jetzt frage ich mich, ob ich schon so durchgedreht bin, daß ich Gespenster höre", schießt es ihr durch den Kopf. Sie ruft laut in den Kindergarten, ob jemand da sei. „Es muß jemand gekommen sein, schließlich ist kein Wind, der die Haustüre von sich aus auf- und zuschlagen läßt. Ob mich ein Kind ärgern will? Es ist jemand hier – ich spüre es."

Die Erzieherin wird unruhig und denkt an die Glassplitter vor der Türe.

Schon beginnt das vierte Gedankenrezept zuzuschlagen:

„Ich hätte hinter mir abschließen sollen. Da war ich zu leichtsinnig. Vielleicht hat jemand im Garten seinen Rausch ausgeschlafen, und ich habe ihn durch das Zusammenfegen der Scherben geweckt. Jetzt ist er im Haus."

Sie erinnert sich an den Anruf und eilt ins Büro zurück. Kaum hat sie begonnen, der Mutter von dem Vorfall zu berichten und sie zu bitten, in zehn Minuten noch einmal anzurufen, kommt ein Kind durch den Flur gelaufen, strahlt sie an und hält der Erzieherin eines seiner Lieblingsspielzeuge entgegen. „Schau mal, heute bin ich der erste. Papa hat mich extra früher in den Kindergarten gebracht, weil ich ihm gesagt habe, daß ich heute der erste sein will."

Das fünfte Gedankenrezept beginnt sich breitzumachen:

„Auf der einen Seite bin ich froh, daß es ein Kind unseres Kindergartens ist, das durch die Haustür kam, auf der anderen Seite finde ich es von dem Vater nicht gut, dem Wunsch seines Sohnes so einfach nachzugeben. Es gibt feste Öffnungs- und Schließzeiten. Aber mit uns Erzieherinnen kann man es ja machen. Irgendwie fühle ich mich überfahren."

Und während der Junge noch übers ganze Gesicht strahlt und am anderen Ende der Telefonleitung die Mutter vorsichtig fragt, was denn nun sei, bittet die Erzieherin das Kind, schon einmal in seine Gruppe zu gehen. Sie verspricht ihm, möglichst schnell nachzukommen. Das Gespräch mit der Mutter entwickelt sich schwierig, da diese gar nicht verstehen kann, daß ihr Kind in der letzten Zeit ein bestimmtes, ungewöhnliches Verhalten zeigt, und den Kindergarten, besonders die Umstellung einiger Alltagsabläufe mit langer Tradition dafür verantwortlich macht.

Das sechste Gedankenrezept baut sich auf:

Die Erzieherin denkt: „Das ist die Höhe. Erst ist die Mutter nicht zu sprechen, dann ruft sie in aller Frühe hier an, und jetzt, wo ich etwas Pädagogisches mit ihr bereden möchte, wird abgeblockt, und unser Kindergarten bekommt die Schuld. Das geht mir zu weit. Und das am Morgen. Vielleicht habe ich das Ganze auch zu schnell angesprochen und mein Genervtsein war von der Mutter zu merken. Ich hätte einfach nicht das Gespräch über so ein heikles Thema beginnen sollen."

Im Hintergrund sind laute Klopfgeräusche zu hören. Die Erzieherin fragt sich, was der Junge wohl macht, und ist hin- und hergerissen. Auf der einen Seite will sie das Gespräch am Telefon für beide Seiten befriedigend abschließen, auf der anderen Seite kann sie sich nicht erklären, womit das Kind in der Gruppe so laute Geräusche erzeugen kann. Sie hält die Hand auf die Sprechmuschel und ruft den Jungen. Er kommt wie ein Blitz angerannt und meint: „Jetzt mußt du aber kommen. Ich warte schon so lange. Du hast es mir versprochen und nicht eingehalten. Ich hau' jetzt mit den Holzstöcken so lange auf den Schrank, bis du in unserem Gruppenraum bist."

Und das siebente Gedankenrezept weitet sich aus:

„Ich kann es nicht allen recht machen. Trotzdem bleibt hier einer auf der Strecke. Eine Person muß ich jetzt enttäuschen. Es ist zu bezweifeln, daß ich die Mutter noch einmal in naher Zukunft erreiche, und ein Gesprächsende mit Irritationen auf beiden Seiten ist unverantwortlich. Und Johannes wartet. Für ihn bin ich unzuverlässig. Eigentlich müßte ich mich aufteilen."

Erneut schlägt die Haustüre zu. Eine Kollegin schaut ins Büro und fragt leise: „Hast du schon den Tee aufgesetzt?" Die Erzieherin zeigt auf den Hörer und flüstert der Kollegin zu, daß Johannes schon da sei und auf sie warte und im übrigen noch keine Möglichkeit bestanden habe, in die Küche zu gehen. Die Kollegin rollt die Augen und antwortet: „Dann mache ich es eben alleine. Laß dir nur Zeit mit der Mutter." Die Erzieherin ist ärgerlich.

Das achte Gedankenrezept kommt zur Wirkung.

„Wer bin ich eigentlich, daß ich mir das alles gefallenlassen muß? Erst die Flaschenscherben vor der Türe, dann das Telefongebimmel und die schwierige Mutter, schließlich Johannes, der immer noch wartet, und nun die Kollegin. Wenn der Tag so anfängt, dann gute Nacht."

Die Erzieherin schafft es, das Gespräch abzukürzen und ein einigermaßen versöhnliches Ende zu finden, geht in den Flur und merkt erst jetzt, daß sie immer noch ihren Mantel trägt. Und nun geht es Schlag auf Schlag:

- Die Kinder kommen einzeln oder in kleinen Gruppen in den Kindergarten und wollen ihr gleich erzählen, was sie heute vorhaben.

- Manche Eltern möchten „mal eben ganz kurz" mit der Erzieherin sprechen, um sie über etwas Bestimmtes zu informieren oder zu befragen.

- Ein Kind möchte sich nicht von seinem Vater trennen und weint lauthals, klammert sich an dem Vater fest und ist völlig aufgelöst. Der Vater ist hilflos und weiß auch nicht weiter.

- Eine Mutter zeigt auf ihr Kind und fragt besorgt nach, ob das vielleicht Röteln sein könnten.

- Eine andere Mutter, die zum Redaktionsbeirat der Kindergartenzeitschrift gehört, sagt ihre Teilnahme an dem anberaumten Treffen ab und erhofft eine Verschiebung des Termins. („Wann paßt es Ihnen am besten?")

- Der Träger ruft an und möchte gerne wissen, ob die Listen mit den Belegungszahlen schon ausgefüllt sind.

- Beim Herausschieben des Frühstückswagens aus der Küche fällt ein Krug Milch herunter, und die herumstehenden Kinder stimmen ein Lied an: „Wir haben einen See aus Milch, wir haben einen See aus Milch."

- Per Telefon meldet sich ein Fortbildungsträger und möchte gerne wissen, ob Interesse an einer bestimmten Veranstaltung bestehe, da plötzlich drei Plätze durch Krankheit freigeworden seien.

- Ein älteres Ehepaar steht mit drei Tüten Spielzeug an der Eingangstür und fragt nach, ob vielleicht der Kindergarten diese Sachen von ihrer Enkelin haben möchte. Sie sei inzwischen schon älter und wolle das Spielzeug nicht mehr.

▪ Die Leiterin erinnert an das Konzeptionstreffen und bittet eindringlich darum, die Vorbereitungen zu erfüllen.

▪ Eine Sprachheiltherapeutin kommt vorbei und berichtet, daß sie ganz in der Nähe des Kindergartens eine Praxis eröffnet habe und es ihr Wunsch sei, sich den Mitarbeiterinnen vorzustellen. („Wann paßt es Ihnen am besten?")

▪ Schließlich schaut eine Schülerin vorbei und fragt, ob sie ihr Berufspraktikum in dem Kindergarten absolvieren könne.

Und dann gibt es die vielen, vielen kleinen Begebenheiten im Alltag mit den Kindern:

▪ Kinder streiten sich (und es gelingt nicht herauszufinden, wer mit dem Streit angefangen hat, wer was gemacht und wodurch sich letztlich alles so aufgeschaukelt hat).

▪ Hier und da sind irgendwelche Hilfestellungen zu geben (den Reißverschluß des Anoraks zu schließen, Schuhbänder zu binden).

▪ Ein Kind bittet um Ruhe, weil ihm alles zu laut ist, und andere Kinder rennen wild im Flur umher und finden es wundervoll, andere zu erschrecken.

▪ Ein anderes Kind möchte so gerne noch einmal die Geschichte vom gestrigen Tage vorgelesen bekommen.

▪ Eine Gruppe Mädchen und Jungen braucht dringend Nägel, um ihre Baumhütte aus Brettern fertigzustellen, doch merken sie, daß die Nägel nicht lang genug sind und sich immer verbiegen.

▪ Ein Kind sitzt ruhig in einer Ecke und beobachtet mit hochrotem Kopf das Geschehen um sich herum, wobei die Erzieherin feststellt, daß der Junge hohes Fieber zu haben scheint. (Wer ruft die Eltern an?)

- Ein Kind möchte der Erzieherin seinen Traum erzählen, und ein anderes Kind wünscht sich, daß sie es auf dem Kett-Car schieben möge.
- Und eigentlich sollte das Projekt „Ich bin stolz!" weitergeführt werden ...

Das neunte Gedankenrezept kommt auf:

„Ich weiß nicht, wie andere alles schaffen. Entweder bin ich zu blöd oder ich mache irgend etwas falsch. Wenn jetzt noch was kommt, drehe ich durch. Natürlich weiß ich, daß ich in erster Linie für die Kinder da bin. Aber es gibt einfach zu viele Unberechenbarkeiten, die nicht einplanbar sind. Mein Anspruch, Kinder in ihrer Individualität und Einzigartigkeit zu sehen und zu unterstützen, ist nach wie vor da. Doch ich weiß nicht, wie das geht."

Und während die Erzieherin in all der Hektik nachdenkt, kommt schon ein weiteres Kind zu ihr und fragt: „Bist du traurig?" Sie blickt hoch. Es ist Oliver, ein Junge von knapp fünf Jahren, der gerade mitten in belastenden Familienstreitigkeiten steckt (die Eltern wollen sich scheiden lassen und führen auf dem Rücken von Oliver und seinen beiden Geschwistern ihren „Beziehungskampf" aus).

Das zehnte Gedankenrezept entsteht:

„Wenn ich jetzt meine eigene Traurigkeit zum Ausdruck bringe, dann fangen möglicherweise wir beide an zu weinen. Ich sollte mir meiner pädagogischen Verantwortung bewußt sein und nicht mein Problem zu einem zusätzlichen Problem von Oliver machen. Beiß die Zähne zusammen und bleib stark. Was hat es für einen Sinn, wenn ich mich jetzt gehenlasse? Wenn ich mich anstrenge, dann schaffe ich es, auch diese Herausforderung anzunehmen. Außerdem ist die Hektik auch nicht schlecht. Sie hält mich beweglich, und ich merke, daß ich etwas bewirken kann. Wie sollte ich von Kindern verlangen können, in gewisser Weise ihre Gefühle zu kontrollieren, wenn ich diesem Anspruch nicht einmal selbst genügen kann? Konzentriere dich am besten immer nur auf das Nächstliegende. Und wenn ich schon Hilfe brauche, bin ich es doch nur selbst, die etwas in positiver Hinsicht bewirken kann."

Die Erzieherin merkt erst jetzt, daß Oliver seinen Arm um ihre Schultern gelegt hat. Er fragt: „Geht es dir jetzt besser?", und die Erzieherin antwortet mit einem deutlich vernehmbaren: „Ja!"

Es gibt nur wenige Berufe, die in ähnlicher Weise so vielfältig und voller Anforderungen sind wie die Profession der Erzieherin.[3] Kein Tag gleicht dem anderen, und jede Minute bringt kleine und große Überraschungen. Es gibt kein Curriculum (keine Stundentafel, keinen Stoffverteilungsplan wie in der Schule) und keinen vorgeschriebenen, vorgezeichneten Tagesablauf, weil Kinder dabei sind, ihre Welt immer wieder aufs neue zu entdecken. Entsprechend unruhig und unbekannt ist auch der Tagesverlauf für Erzieherinnen. Fragt man sie nach einem anstrengenden Tag, was sie alles gemacht haben, dann kommt zu Recht die Gegenfrage:

- „Mit wem – den Eltern? Da hatte ich …"
- „Mit wem – den Kindern? Da war zunächst …"
- „Mit wem – den Kolleginnen? Da gab es als erstes …"
- „Mit wem – der Praktikantin? Da mußte …"

---

[3] Es soll an dieser Stelle nicht weiter darauf eingegangen werden. Verwiesen sei dabei auf die Bücher von M. Högemann: Erzieherin – kein Beruf wie jeder andere, Freiburg ²1998, und C. Merz: Das hatte ich mir ganz anders vorgestellt, Freiburg 1998.

Oder es kommt die Antwort: „Ich weiß es gar nicht mehr so genau. Es gab ungezählte Situationen, von denen ich berichten könnte."

Manches Mal scheint nichts zu gelingen, und ein anderes Mal klappt vieles. Doch ist es mehr die Quantität, die im Vordergrund steht. Manches wurde begonnen und nicht zu Ende geführt. Dennoch wirkt der Anfang weiter. Manches mußte unterbrochen werden, um etwas anderes zu tun. Dennoch wirkt die Störung weiter. Manches konnte nicht umgesetzt werden. Dennoch wirkt der Wunsch nach Umsetzung weiter. Manches wurde nicht angenommen. Dennoch wirkt die Vorstellung von der Bedeutung weiter. Manches wurde überhört. Dennoch wirkt die Idee weiter. Manches wurde aufgegeben. Dennoch wirkt das schlechte Gewissen und trägt zur persönlichen Unzufriedenheit bei.

„Ich weiß nicht, wo mir der Kopf steht", ist ein Satz, in dem der Streß des Alltags im Kindergarten zum Ausdruck kommt und der verdeutlicht, daß Überforderungen mit beruflichen Anforderungen in einem Widerspruch zueinander stehen. Solange keine eindeutigen persönlichen und berufsspezifischen Entscheidungen getroffen werden und sich in praktischen Handlungsschritten zeigen, solange hält nicht nur der Streß an, sondern potenziert sich sogar.

1.1.2 „Ich hab' mit mir selbst genug zu tun!" – Egozentrismus contra Berufsengagement

Vielleicht fragen Sie sich, worin der Unterschied zwischen den Worten „Egoismus" und „Egozentrismus" besteht. Egoismus wird umgangssprachlich sehr häufig mit negativen Begriffen besetzt. So nimmt man an, daß egoistische Menschen vor allem sich als Person in den Mittelpunkt bringen wollen und es im-

mer wieder gerne versuchen, daß sich alles um ihre Person dreht. Demgegenüber muß festgehalten werden, daß Egoismus zunächst einmal eine positive Bedeutung hat. Es handelt sich bei Egoisten um Menschen, die sich aus eigener Motivation
- für sich selbst (im Sinne der eigenen Entwicklung),
- selbstbetroffen für andere (im Sinne eines engagierten Einsatzes für andere),
- selbstinteressiert an Dingen (im Sinne eines tiefen Verstehen-Wollens) und
- selbstengagiert für Ideen (im Sinne der Weiterentwicklung von Vorhaben)

einsetzen. Vielleicht kennen Sie noch das alte Sprichwort: „Der Esel nennt sich selbst zuerst". Mit diesem „Spruch" wurden Generationen von Kindern erzogen. Doch was ist daran bedenklich, was soll daran schlimm oder ablehnenswert sein, wenn Menschen sich für eigene Bedürfnisse oder Interessen deutlich und klar einsetzen?

Stichwort „Teamsitzung"

Stellen Sie sich vor, die Mitarbeiterinnen eines Kindergartens haben sich zu einer zweistündigen Teamsitzung getroffen. Es stehen fünf verschiedene Tagesordnungspunkte zur Debatte. Dieses Treffen verläuft zäh und langatmig. Schon die Zeitspanne, bis sich eine Person zur Protokollführung gemeldet hat, raubt wichtige Zeit. Auf Fragen der Sitzungsleiterin folgen keine Antworten, die Mitarbeiterinnen blättern in ihren Unterlagen (um nicht den Augenkontakt herzustellen) oder unterhalten sich leise mit den Sitznachbarinnen. Schließlich platzt der Sitzungsleiterin der Kragen. Sie fordert von jeder Kollegin eine kurze Stellungnahme ein! Anschließend ordnet sie den Tagespunkten bestimmte Zeiten zu und strukturiert das Ganze straff und nachvollziehbar. Nach den zwei Stunden sind die Tagesordnungspunkte besprochen.

Halten wir fest: Hier hat die Sitzungsleiterin entschieden, was wer zu machen hatte und in welchen Zeiträumen welcher Themenschwerpunkt zu besprechen war. Wohlgemerkt, um kein Mißverständnis aufkommen zu lassen: Die Zeiten wurden von den Mitarbeiterinnen vorher in keiner Weise konstruktiv genutzt bzw. inhaltlich bearbeitet.

Die Frage an dieser Stelle ist, inwieweit dieses Vorgehen der Sitzungsleiterin egoistisch zu nennen ist und ob es zu den notwendigen Entscheidungen führte.

Inwieweit war dieser Egoismus falsch, der dazu führte, daß die knappe Zeit nicht ungenutzt und sinnlos verstrich?

Stichwort „Öffentlichkeitsarbeit"

Stellen Sie sich vor, ein Kindergarten hat bisher keine nennenswerte Öffentlichkeitsarbeit geleistet. Vielmehr lebte er davon, daß aufgrund der knappen Kindergartenplätze immer reichlich Anmeldungen jedes Jahr eingingen. Im Zuge des Anspruchs auf einen Kindergartenplatz hat die Gemeinde nun einen zweiten Kindergarten gebaut. Außerdem hat sich der Träger der freien Wohlfahrtspflege entschlossen, ebenfalls eine Kindertagesstätte einzurichten. Nun merken die Mitarbeiterinnen der erstgenannten Einrichtung, daß die Anmeldungen von Kindern rapide zurückgehen, offensichtlich weil viele Eltern den Wunsch haben, ihre Kinder in einer der neuen Einrichtungen unterzubringen. Eine Kollegin bringt es auf den Punkt: „Wenn wir jetzt keine gezielte Öffentlichkeitsarbeit machen, dann sieht es mit unserem Kindergarten in Zukunft schlecht aus. Ich schlage vor, daß wir daher in die Offensive gehen. Möglich wäre beispielsweise eine öffentliche Diskussion im Gemeindehaus, bei der wir unsere Konzeption, unseren pädagogischen Ansatz, unsere Ziele und Arbeitsweisen vorstellen. Wir könnten allerdings auch einen öffentlichen Themenelternabend anbieten mit einem interessanten Thema, vielleicht sogar mit einem Fremdreferenten. Oder wir planen einen Tag der offenen Tür, zu dem wir alle umliegenden Ärzte, die Logopäden und die beiden Grundschulrektoren, die Lehrer, den Bürgermeister und alle interessierten Menschen einladen."

Nun folgen diese oder ähnliche Reaktionen:

- „Und wann sollen wir das machen?"
- „Wie stellst du dir das vor? Wer sollte denn dafür zur Verfügung stehen, wo wir schon so knapp mit Personal besetzt sind?"
- „Öffentlichkeitsarbeit? Ich traue wohl meinen Ohren nicht. Jeder kennt uns und kann doch jederzeit zu uns kommen, Fragen stellen, Informationen einziehen oder uns einfach besuchen kommen."
- „Das ist sicherlich keine schlechte Idee, nur habe ich neben der Arbeit zwei Kinder zu versorgen und weiß schon jetzt kaum, wie ich alles auf einmal bewerkstelligen soll. Mehr geht einfach nicht."

Die Erzieherin nimmt die Äußerungen zur Kenntnis und antwortet:

„Auf der einen Seite geht es um unseren Kindergarten. Ich habe mir die Frage gestellt, warum sich so viele Eltern für die beiden neuen Kindergärten interessieren. Meine Antwort lautet: Weil wir uns bisher überhaupt nicht öffentlich präsentiert haben! Wären Eltern von unserer Arbeit überzeugt, kämen selbstverständlich neue Anmeldungen. Das ist aber nicht der Fall. Auf der anderen Seite geht es auch um unsere Arbeitsplätze. Wenn wir keine Anmeldungen bekommen, dann gibt es auch keinen Grund für unseren Träger, uns weiter zu beschäftigen. Daher fordere ich euch alle eindringlich auf, bis zum nächsten Treffen Vorschläge zu erarbeiten, welche Formen der Öffentlichkeitsarbeit von uns geleistet werden können bzw. müssen. Ich erwarte von jeder Kollegin konstruktive Vorschläge. Je mehr Ideen zusammengetragen werden, desto besser können wir abwägen und uns entscheiden."

Halten wir fest: Hier hat eine Erzieherin die Initiative für eine bestimmte Aktivität eingefordert und alle Kolleginnen mit einer spezifischen Aufgabe konfrontiert.

Die Frage ist, ob dieses Vorgehen nicht egoistisch und doch zugleich sinnvoll war, da die Mitarbeiterinnen zuvor keine konstruktiven Äußerungen eingebracht hatten. Hinter diesem Verhalten stand die berechtigte Sorge um den Kindergarten und die Arbeitsplätze.

Im Gegensatz zur Ansicht des bekannten Philosophen Ludwig Feuerstein, der Egoismus als „böse, unmenschlich und herzlos" bezeichnet hat, muß festgehalten werden, daß dieser Begriff ein Verhaltensmerkmal von Menschen bezeichnet, das mit den Eigenschaften „Sorge für/um sich selbst" oder „Einsatz für das eigene Wohlbefinden" besetzt ist.

Egozentrismus beschreibt dagegen die Form einer Ich-Konzentration, bei der es lediglich um das eigene Wohlgefühl geht, bei der die eigenen Wünsche (nicht Bedürfnisse!) im absoluten Vordergrund stehen und bei der sich alles darum dreht, daß keine persönlichen „Opfer", und seien es nur kleine Dinge, gebracht werden. Im eben genannten Beispiel zum Stichwort „Teamarbeit" verhielten sich die Mitarbeiterinnen egozentrisch, die sich zurückgezogen hatten und einfach keinen Wortbeitrag leisteten, Nebengespräche führten trotz einer thematischen Aufgabenstellung, die offensichtlich kein eigenes Bedürfnis hatten, sich an der Diskussion zu beteiligen. Im zweiten Beispiel – Stichwort „Öffentlichkeitsarbeit" – zeigten die Mitarbeiterinnen ein egozentrisches Verhalten, die auf die vorgeschlagenen Öffentlichkeitsformen mit Blockaden reagierten, destruktive Gegenfragen stellten, eigene Wünsche mit Sprachphrasen codierten oder mit einem Gegenangriff in die Opposition gingen.

Lassen Sie mich gerne auch an dieser Stelle ein paar Beispiele für egozentrisches Verhalten anführen:

Stichwort „Kompetenzerweiterung"

Während einer Konzeptionserarbeitung wurde einigen Kolleginnen deutlich, daß sie bei bestimmten Fachdiskussionen immer wieder auf Wissenslücken stießen. Wurde beispielsweise über die Begriffe „Kreativität", „Ausdrucksformen der Kinder", „Bedeutung des Malens und Zeichnens als Spiegel der Seele", „Schulfähigkeitskriterien", „Ansätze in der Elementarpädagogik" diskutiert, dann folgten persönliche Meinungen und Annahmen. (In der Psychologie der Persönlichkeit werden solche Äußerungen mit „Alltagstheorien" bezeichnet, das heißt, es werden persönliche Einschätzungen als Fachaussagen geäußert.) Eine Kollegin deckte schließlich diese Alltagstheorien auf: „Mir fällt es schwer, euch zu folgen. Auf der einen Seite gebt ihr euch sicherlich alle Mühe, die Begriffe zu klären. Auf der anderen Seite kann ich beim besten Willen nicht erkennen, daß eure Aussagen wirkliche Fachausführungen sind. Mein Eindruck ist der, daß wir sehr oberflächlich miteinander diskutieren. Ich schlage daher vor, daß sich jeder von uns einen Begriff oder Bereich vornimmt und dazu entsprechende Fachbücher und -aufsätze liest. Dadurch erweitert sich auch unsere individuelle Fachkompetenz. Also, wer hat Interesse daran, sich fachlich einzuarbeiten? Ich habe genügend Fachbücher zu Hause. Und wenn etwas fehlt, können wir zur Bücherei gehen und entsprechende Publikationen besorgen." Die Mitarbeiterinnen reagierten überrascht:

■ „Ich habe keine Zeit für diese Arbeit, schließlich habe ich eine Familie und einen Haushalt."

- „Lesen gehört in die Arbeitszeit. Solange wir dafür keine Dienststunden eingeräumt bekommen, rühre ich kein Fachbuch an."
- „Das ist ja aus deiner Sicht verständlich, was du forderst. Doch am Abend habe ich andere Dinge zu erledigen als zu lesen."
- „Ich sehe schon die dicken Wälzer vor mir liegen. Es tut mir ja leid, aber ich habe bei so etwas Probleme, vor allem auch mit all den Fremdwörtern."
- „Laß uns lieber dafür sorgen, daß die Rahmenbedingungen für unsere Arbeit besser werden."

Halten wir fest: Hier sprechen sich die einzelnen Mitarbeiterinnen gegen die notwendige Erweiterung ihrer Fachkompetenz aus und führen alle eigene, persönliche Gründe an, die eine Nichtbeschäftigung mit Fachliteratur legitimieren sollen. Das ist insofern besonders interessant, als bisher in der Diskussion noch gar nicht über die Fachliteratur selbst gesprochen wurde. Es stand noch nicht fest, ob
- es im einzelnen um Fachbücher oder Zeitschriftenartikel ging;
- die Fachbeiträge schwierig zu lesen waren;
- die Bücher bzw. Artikel tatsächlich von ihrer Seitenzahl her umfangreich wären;
- es tatsächlich viel Mühe kosten würde, die entsprechende Literatur zu lesen;
- es nicht wirklich notwendig wäre, inhaltliche Fragen mit Fachkompetenz zu besprechen;
- eine Diskussion auf der Grundlage von Alltagstheorien das schlechte Image der Elementarpädagogik unterstreicht.

Die egozentrische Tendenz dieser Aussagen ist offensichtlich, und die Mitarbeiterinnen zeigen wenig Professionalität und Interesse, die eigene Fachkompetenz zu erweitern.

Stichwort „Supervision"

Eines Morgens kommt die Leiterin eines Kindergartens ganz aufgeregt zur Arbeit und bittet die Kolleginnen zu einem kurzen Treffen ins Büro. Als alle versammelt sind, berichtet sie von der Kirchenvorstandssitzung am Freitagabend: „Stellt euch vor, was passiert ist. Ihr wißt, daß ich den Tagesordnungspunkt ‚Supervision für die Mitarbeiterinnen des Kindergartens' aufnehmen ließ, und jetzt wurde beschlossen, daß wir sie bekommen. Zwölf Supervisionssitzungen von je 90 Minuten wurden genehmigt. Darüber hinaus hat sich der Kirchenvorstand bereiterklärt, neunzig Prozent der Kosten zu tragen. Ich habe es ausgerechnet. Pro Person muß jede Mitarbeiterin nur DM 5,– je Sitzung dazuzahlen. Selbstverständlich gibt es darüber eine Quittung, so daß wir diesen minimalen Betrag selbstverständlich auch von den Steuern absetzen können. Das macht also sechzig Mark pro Kollegin im halben Jahr. Ihr könnt euch kaum vorstellen, wie ich mich freue." Die Kolleginnen schauen etwas befremdet und äußern sich wie folgt:

- „Irgendwie kann ich mich mit dem Gedanken der Supervision nicht anfreunden. Man hört vieles. Nachher werden wir alle von der Supervisorin oder dem Supervisor so fertiggemacht, daß es uns als Team schlechter geht als vorher."

- „Auf Selbsterfahrung habe ich keinen Bock. Wenn ich der Meinung bin, daß ich Therapie in irgendeiner Form brauche, dann suche ich mir etwas anderes aus. Meine innersten Gedanken gehen niemanden was an."

- „Wenn der Träger ein Interesse an unserer Supervision hat, dann muß er auch den vollen Beitrag übernehmen. Heute sind es fünf Mark, und morgen müssen wir vielleicht unsere gesamte Fortbildung selbst tragen. Ich sage: Wehret den Anfängen."

Halten wir fest: Hier werden wiederum nur persönliche Gründe aufgeführt, um eine wichtige Form der Weiterbildung abzublocken.

Objektiv gesehen wäre es sicherlich besser, wenn alle Kosten vom Träger übernommen werden würden. Gleichzeitig stellen die Eigenanteile allerdings keine erhebliche Einbuße einer jeden Kollegin dar. Bei vierzehntägigen Treffen kämen ganze DM 10,– pro Person zusammen.

Hinter der Ablehnung aus finanziellen Motiven werden in diesem Fall die wahren Hintergründe zu verstecken gesucht, wie z. B. Angst vor einer Auseinandersetzung oder der Offenlegung langanhaltender Konflikte.

Wir stoßen auf einen Egozentrismus, wenn Menschen nicht bereit sind, ihren bisherigen Lebensstil in Frage zu stellen und bisherige Sicherheiten möglicherweise aufzugeben. Schon gewinnt eine gewisse Unwilligkeit die Oberhand und schlagartig werden solche Begriffe wie Solidarität, Neugierde, Risikobereitschaft, Mut, Einfühlung, Motivation und Teamgeist aufgegeben. Sobald der persönliche Freiraum bedroht zu sein scheint, entsteht Aktivität, aus der Angst heraus, liebgewordene Muster gerieten ins Abseits und Veränderungen seien angesagt.

Egozentrismus ist auch eine Form der Gleichgültigkeit, wenn es um persönliches oder ein berufliches Wachstum geht. Im Vordergrund stehen
- die Entfaltung der Persönlichkeit, ausgerichtet auf die eigenen Vorstellungen, was richtig und falsch ist;
- persönlich erlebtes Glück und Zufriedenheit, wobei fachliche

Notwendigkeiten oder inhaltliche Bedeutungen in den Hintergrund geschoben werden und unberücksichtigt bleiben;
– Ängste und Sorgen darüber, daß Veränderungen den persönlichen Lebensstil durcheinanderbringen können;
– Ablehnung und Widerstand davor, sich neuen Herausforderungen zu stellen.

Es geht in dieser Betrachtung *nicht* um eine Schuldzuweisung an Menschen mit egozentrischen Merkmalen. Worum es vielmehr geht, ist der Versuch, Ursachen und Folgen zu sehen und in einen Sinnzusammenhang zu bringen, ohne den eine inhaltliche Betrachtung nicht möglich sein wird.

Jede Mitarbeiterin und jeder Mitarbeiter ist für die eigenen Handlungen verantwortlich. Gleichzeitig wirken sie allerdings auch immer auf andere Menschen, auf Kinder und Eltern, auf die Arbeit und den Ruf einer Institution. Wenn tatsächlich „jeder sich selbst der Nächste ist", dann befinden sich die Menschen schnell in einem Überlebenskampf, weil jeder nur sein individuelles Interesse verfolgt, ohne Rücksicht oder Vorschau auf die Folgen und Konsequenzen. Egozentrische Menschen haben narzißtische Merkmale, die dazu führen, daß sie – unberücksichtigt allgemeiner Bedürfnisse – ihre Person zum Zentrum der Welt erklären. Sie weisen sich durch das Fehlen von Frustrationstoleranz aus, haben größte Schwierigkeiten damit, auf persönliche Annehmlichkeiten zu verzichten und können sich am besten in sich selbst hineinfühlen.

Erich Fromm formulierte es einmal so:

„Wir sind glücklich, wenn unsere Wünsche erfüllt werden oder … wenn wir haben, was wir wollen."

Egozentrismus hat seinen Preis: Soziale Beziehungen geraten ins Schwanken, Auseinandersetzungen werden verbissen auf der Beziehungsebene geführt, der Alltag wird eher von Freudlosigkeit beherrscht, und Kälte macht sich zwischen den Menschen bzw. in der Einrichtung selbst breit. Dadurch wird jede Form einer Entwicklung unterbunden oder gebremst, weil jeder nur das eigene Ziel im Auge hat. Blicke nach links und rechts, ein vernetztes Denken oder inhaltliche Betrachtungen in Sinnzusammenhängen nach dem Motto: „Was hat mein eigenes Verhalten mit der augenblicklichen Situation in der Einrichtung zu tun?" können auf diese Weise leider nicht entstehen.

Elementarpädagogik und Egozentrismus schließen sich nicht aus. Schaut man auf die Berufsmotivation von Mitarbeiterinnen in (sozial-)pädagogischen Tätigkeitsfeldern und begibt man sich dabei auf den „gefährlichen" Weg einer Persönlichkeitsanalyse von Menschen in Helferberufen, kommen Forscher und Forscherinnen immer wieder zu erstaunlichen Ergebnissen (vgl. W. Schmidtbauer, C. Berry, M. Beattie, P. Hawkins, A. W. Schaef). Auch die Arbeit in der Elementarpädagogik hat immer etwas mit „persönlicher Selbstverwirklichung" zu tun. Es wird allerdings dann gefährlich, wenn diese Form der persönlichen Einstellung auf dem Rücken von Kindern oder Eltern ausgetragen wird, wenn Mitarbeiterinnen darunter zu leiden haben oder Einrichtungen kein qualifiziertes Profil aufbauen können.

In Anlehnung an eine Aussage von Albert Einstein soll dieser Beitrag beendet werden:

Der wahre und wirkliche Wert eines Menschen
ist in erster Linie dadurch gegeben,
in welchem Grad und in welchem Sinn er
zur Befreiung von Egozentrismus gelangt ist.

1.1.3 „Das seh' ich nicht so eng!" – Zwischen Job und Beruf

Wie jeder Beruf kann auch der einer Erzieherin sehr unterschiedlich ausgeführt werden. Wie schon erwähnt, ist die Elementarpädagogik eine Fachdisziplin, in der es einen ungewöhnlich großen Handlungsspielraum gibt. Im Unterschied zu Grund-, Haupt- und weiterführenden Schulen besteht für den Kindergarten kein festgelegtes Handlungsprogramm. Lediglich das Kinder- und Jugendhilfegesetz sowie die Kindertagesstättengesetze der Länder geben einen sehr großen Rahmen vor, mit welchen Zielsetzungen die Arbeit in Kindergärten belegt ist.

Bei jedem Handwerk kann die geleistete Arbeit überprüft werden: Wenn z. B. ein Schreiner die Maße einer Türe oder eines Fensters nimmt und seine Arbeit danach gestaltet, ist spätestens bei Einsatz festzustellen, wie maßgenau, sauber und ordentlich die Arbeit erledigt wurde. Wenn ein Maurer die Wände eines Hauses baut, kann mit einem Lot überprüft werden, wie gerade die vielen Steine aufeinandergesetzt wurden; wenn ein Elektriker die Stromkabel verlegt und alle Anschlüsse verbindet, kann sofort festgestellt werden, ob beim Schließen des Stromkreises beispielsweise das Licht brennt oder ein Kurzschluß einen Fehler signalisiert.

Anders ist es in der Pädagogik. Kinder stehen in einer Vielfalt von Beziehungen und in einer unüberschaubaren Menge unterschiedlicher Bedingungen, in denen sie aufwachsen. Dabei ist es schwer möglich, bestimmte Einflüsse einer bestimmten Auswirkung einwandfrei zuzuordnen (solche Verbindungen werden in der Fachsprache als „Monokausalitäten" bezeichnet), weil sie stets in einer Sinnverbindung zueinander stehen.

Beispiel: Wenn Kinder in einer sehr kleinen Wohnung aufwachsen und gleichzeitig das Umfeld so gestaltet ist, daß sie in einen nahegelegenen Wald gehen, auf einer Wiese viel Bewegungsmöglichkeiten haben oder auf einem attraktiven Spielplatz spielen können, so ist das etwas anderes, als wenn Kinder in sehr kleinen Wohnungen groß werden und keine Bewegungsbzw. Spielflächen vorfinden. Dann gibt es Kinder, die selbst in einer kleinen Wohnung gerne spielen und gar nicht das Bedürfnis haben rauszugehen.

Pädagogik geschieht immer in einer sogenannten „Schnittfläche" vieler Wirkfaktoren, die einen Einfluß auf Kinder haben (können). Allerdings gibt es Erkenntnisse der Entwicklungspsychologie bzw. -pädagogik, daß bestimmte Einflüsse in bestimmten Situationen meist bestimmte Verhaltensweisen provozieren. (Beispiel: Wenn Kinder in einer kleinen Wohnung aufwachsen und einen starken Bewegungsdrang besitzen, gleichzeitig aber keine ausgiebigen Spielflächen zur Verfügung haben, dann äußern sich die Bewegungsbedürfnisse in lautem Schreien, dem Zerstören von Gegenständen und in körperlichen Angriffen auf Personen.)

Ausgangspunkt einer entwicklungsförderlichen Elementarpädagogik ist daher immer eine genaue Situationsanalyse dessen, wie Kinder heute aufwachsen, welchen Einflüssen sie ausgesetzt sind und welche beobachtbaren bzw. zu erwartenden Folgen das alles auf ihre Entwicklung hat, um anschließend dafür zu sorgen, daß sie die Merkmale für ihre Entwicklung erfahren können, die sie brauchen, um bestmöglichst aufzuwachsen. Ausgangspunkt sind also die Kinder, die dem Kindergarten und den Erzieherinnen anvertraut wurden.

Nun gibt es sehr unterschiedliche Gründe dafür, den Beruf der Erzieherin zu ergreifen, um eine entsprechende Ausbildung in einer Fachschule bzw. -akademie aufzunehmen und später einmal in dem Beruf zu arbeiten. Lassen wir an dieser Stelle am besten Erzieherinnen selbst zu Wort kommen. Folgende Antworten ergaben sich auf die Frage, warum gerade der Beruf der Erzieherin so attraktiv sei:

- „Diese Frage hatten wir schon einmal in unserer Ausbildung. Ich wollte immer schon gerne mit Kindern umgehen. Es ist doch toll, wenn man sieht, wie Kinder sich entwickeln, und man selbst dazu beigetragen hat, daß Kinder sich wohlfühlen." (Thea, 21 Jahre)

- „Erzieherin war immer mein Traumjob. Du hast eine große Freiheit in dem, was du machst. Erst habe ich mir überlegt, ob ich nach dem Abitur ein Lehramtsstudium machen sollte, doch diese Unterrichtsvorgaben würden mich bestimmt zu sehr einschränken. Das hielte ich nicht lange aus. Und dann Jahr für Jahr mehr oder weniger denselben Unterrichtsstoff herunterleiern. Gut, natürlich gibt es in unserem Beruf auch Einschränkungen, wenn beispielsweise manche Eltern verlangen, wir soll(t)en das und das tun. Das verunsichert ab und zu. Im großen und ganzen bin ich aber zufrieden und würde heute wieder diese Ausbildungsentscheidung treffen." (Johanna, 26 Jahre)

- „Wenn ich ehrlich bin, kann ich gar nicht von Attraktivität sprechen. Ich habe mich auf dem Arbeitsmarkt umgeschaut und da wurde mir klar, daß ich keine Lust zu einem Bürojob hatte. Also suchte ich etwas, was mit Menschen zu tun hat. Mit Jugendlichen wollte ich nicht arbeiten, das wäre mir zu schwierig. Krankenschwester könnte ich auch nicht werden, weil ich diesen Schichtdienst nicht wollte. Also habe ich mich für den Beruf der Erzieherin entschieden, weil ich mir vorstellen kann, daß es eine annehmbare Alternative ist." (Katja, 20 Jahre)

- „Für mich bedeutet es zunächst Selbstverwirklichung. Ich richte die Schwerpunkte meiner Arbeit danach aus, wozu ich Lust und Freude habe, weil ich weiß, daß ich dann ganz echt mit mir als Person umgehe. Was würde denn passieren, wenn ich mich zu einer Tätigkeit zwingen müßte, die mir gar nicht liegt? Die Kinder würden das ganz schnell merken, und ich selbst wäre unzufrieden. Ich sehe meine Verantwortung also immer darin, mich wohlzufühlen, denn dann geht's auch den Kindern gut." (Christin, 24 Jahre)

■ „Da brauche ich nicht lange zu überlegen. Ich selbst bin in einer Familie aufgewachsen, in der es fünf Kinder gab. Ich war die Älteste. Mir hat es schon damals viel Freude gemacht, auf meine Geschwister aufzupassen, mit ihnen zu spielen, nach draußen zu gehen und mich auch abends um sie zu kümmern. Von Anfang an war mir klar: Das ist mein Beruf." (Monika, 51 Jahre)

■ „Es gibt eine offizielle Version meiner Antwort und eine inoffizielle. Beide kann ich Ihnen sagen. Offiziell gebe ich zur Antwort, daß es eine Menge Spaß macht, mit Kindern zu arbeiten. Sie haben häufig noch etwas ganz Natürliches, etwas Herzerfrischendes, und das gefällt mir. Und ich sehe es als eine wichtige Aufgabe an, daß Eltern in der Zeit, in der die Kinder hier untergebracht sind, ihren Berufen nachgehen können. Gerade Frauen müssen eine Möglichkeit zur Berufsausübung haben. Jetzt die inoffizielle Antwort: Ich wollte immer schon einen Halbtagsjob haben. Den gibt es aber in den üblichen Arbeitsstellen, die ich kenne, nicht. Im Kindergarten war das zu machen. Also fiel mir die Auswahl nicht schwer." (Anke, 26 Jahre)

■ „Weil ich mit Herz und ganzer Liebe diese Arbeit ausfülle. Wir leben in einer Welt, die durch Konsum und Leistung geprägt ist. Das macht mich fast verrückt. Gleichzeitig gibt es viele Menschen, die über die heutige Jugend schimpfen, doch dabei bleibt es dann auch. Ich habe mich vor vielen Jahren entschieden, im Kindergarten zu arbeiten, um meinen Beitrag für eine menschlichere Gesellschaft zu leisten. Und das geht eben nur, wenn man an der Basis sitzt. Kindergartenarbeit ist eine der wesentlichen Grundlagen für die Entwicklung von Kindern. Auch wenn ich schon etwas älter bin, besuche ich dennoch jedes Jahr Fortbildungsveranstaltungen, lese viel und suche das Gespräch mit Kolleginnen. Und schließlich ist jeder Tag eine neue Herausforderung für mich. Schauen Sie mich an: Die Arbeit hält mich fit." (Berrit, 53 Jahre)[4]

Entsprechend der Berufsmotivation, die auch immer mit bestimmten Persönlichkeitsmerkmalen verknüpft ist und sich dann in besonderen Verhaltensweisen in der Praxis zeigt, gibt es unzählige Beispiele, die offenkundig werden lassen, ob die Tätigkeit einer Erzieherin als Job oder Beruf aufgefaßt und entsprechend gestaltet wird. Ein paar zugespitzt formulierte Beispiele sollen dies verdeutlichen.

> Im Flur des Kindergartens geht eine Mutter sehr „ruppig" mit ihrem Kind um. Sie zieht das Mädchen kräftig zu sich und sagt sehr gereizt: „Wenn das nochmals vorkommt, dann setzt es zu Hause eine ordentliche Tracht Prügel. Hast du mich verstanden?"
> Zwei Erzieherinnen hören die Aussage der Mutter.
> Die eine Kollegin denkt: „Misch dich bloß nicht ein. Du weißt gar nicht, was da im einzelnen vorgefallen ist. Warum soll ich dazwischengehen? Im Prinzip kann ich auch der Mutter vor dem Kind nicht meine Meinung sagen."
> Die andere Kollegin geht auf die Mutter und das Mädchen zu und sagt: „Ich habe gerade gehört, daß es zwischen euch eine

---

[4] Diese kleine Auswahl von persönlichen Stellungnahmen entstammt einer großangelegten Befragung von 350 Erzieherinnen aus dem Jahr 1996.

Meinungsverschiedenheit gibt. Das kenne ich auch. Der eine ist mit dem nicht einverstanden, was der andere getan hat. Bestimmt gibt es dafür eine Lösung, ohne sich zu streiten oder böse aufeinander zu sein. Ich würde mich freuen, wenn der Ärger ohne Schimpfen ablaufen kann. Wenn man das möchte, dann klappt es bestimmt."

Beim Abholen der Kinder kommt ein Vater auf die beiden Gruppenerzieherinnen zu und bittet sie um ein kurzes Gespräch. Ihm ist aufgefallen, daß seine Tochter in der letzten Zeit zu Hause Wörter sagt, die bestimmt weder von ihm noch von seiner Frau benutzt würden. Beide Erzieherinnen schauen sich um und bemerken, daß kaum noch Kinder abgeholt werden müssen, insofern ist der Zeitpunkt nicht besonders ungünstig.
Die eine Kollegin sagt: „Auch wenn ich eigentlich etwas anderes zu tun hätte, bin ich gerne bereit, mich kurz mit Ihnen darüber zu unterhalten. Die Sache kann bestimmt geklärt werden. Ich merke auch, daß Sie das sehr bewegt. Ansonsten müßten wir einen extra Gesprächstermin ausmachen, und das ist nicht nötig. Also ..."
Die andere Kollegin sagt: „Für mich wird die Zeit knapp. Auch wir haben unsere Arbeitsstunden, und sicherlich wird das Gespräch länger dauern. Bestimmt können Sie das mit meiner Kollegin klären. Wenn nicht, dann müssen wir eben einen Gesprächstermin finden, an dem wir nochmals zusammenkommen."

Während einer Mitarbeiterinnenbesprechung liest eine Kollegin eine Einladung zu einem Vortrag vor, der in vier Wochen in einem benachbarten Kindergarten stattfinden soll. Es geht dabei um das bedeutsame Thema „Kindergartenentwicklung – Konzepte und Ansätze im Vergleich".
Die eine Kollegin sagt: „Ich sehe es nicht ein, auch noch über meine reguläre Arbeitszeit hinaus einen Vortrag zu besuchen. Natürlich ist es interessant, unterschiedliche Ansätze zu verglei-

chen. Doch das kann ich auch nachlesen. Mir ist die freie Zeit wichtiger. In ihr schöpfe ich Kraft für den nächsten Tag."
Die andere Kollegin sagt: „Ich weiß mit ziemlicher Sicherheit, daß ich dazu noch nichts Gutes gelesen habe. Es gibt zwar ein Buch darüber, doch ehrlich gesagt habe ich noch nicht darin gelesen. Jetzt hat unser Nachbarkindergarten nach langem Suchen eine kompetente Referentin dazu gefunden. Das finde ich wirklich gelungen. Außerdem geht es um *einen* Abend, der in vier Wochen stattfindet. Wenn mich das Thema interessiert, dann gehe ich auch dorthin. Also werde ich kommen."

Diese wenigen Beispiele sollen verdeutlichen, daß es tagtäglich Situationen gibt, in denen die Einstellung zur Arbeit transparent wird.

Die einen leiten ihren Einsatz in erster Linie nur aus persönlichen oder arbeitsrechtlichen Merkmalen ab, die anderen sehen in erster Linie die anstehende Arbeit, die Notwendigkeit bestimmter Tätigkeiten, die Kinder mit ihren besonderen Bedürfnissen oder die Herausforderungen des Alltags. Mit dieser Aussage ist nicht gemeint, ständig und immer Mehrstunden zu leisten! Weiterhin ist mit dieser Aussage nicht die Aufforderung verbunden, für alle Wünsche anderer Menschen immer ein offenes Ohr zu haben. Wenn ein solcher Anspruch aus dem o. g. Satz abgeleitet wird, dann wurde er mißverstanden! Worum es primär geht, ist der Anspruch,
– Notwendigkeiten und persönliche Bedürfnisse abzuwägen,
– Erfordernisse zu sehen und sich ihnen nicht grundsätzlich zu versperren,
– Herausforderungen wahrzunehmen und mit einer persönlichen Bedeutung in Abwägung dessen zu belegen, ob die Anforderung berechtigt ist oder nicht!

Der Beruf einer Erzieherin ist kein Job wie jeder andere. Er hat dieselben Merkmale wie jeder andere Handwerksberuf, beispielsweise Einsatzbereitschaft, Freude an der Tätigkeit, Liebe zum Beruf, Interesse an einer guten, qualifizierten Arbeit und Engagement zur Erreichung gesetzter Ziele. Diese Merkmale führen nicht automatisch zu einem „hilflosen Helfer" – dies sei an dieser Stelle sehr deutlich ausgesprochen. Worum es geht, ist die Erkenntnis, daß es in der Arbeit von Erzieherinnen primär um das Entwicklungsrecht von Kindern geht. Diese Entscheidung selbst fordert Handlungskompetenzen und Handlungskonsequenzen. Sie verträgt sich fachlich nicht mit der Einstellung, Elementarpädagogik sei ein Job.

1.1.4 „Was geht mich das an?" –
Der Verlust der Innerlichkeit

Ein orientalisches Märchen erzählt von den alten Göttern, die zu entscheiden versuchten, wo sie die Kraft des Weltalls am besten verstecken sollten, so daß der Mensch sie, diese ungeheure Kraft, nicht finden und zerstörerisch verwenden könne.

Ein Gott sagte: „Laß sie uns auf dem höchsten Gipfel des Berges verstecken."

Aber sie entschieden, daß der Mensch schließlich den höchsten Berg ersteigen und die große Kraft finden würde.

Ein anderer Gott sagte: „Laß uns die Kraft des Weltalls auf dem Grund des Meeres verstecken."

Wiederum entschieden sie, daß der Mensch schließlich auch die Tiefe der See erforschen würde.

Ein dritter Gott schlug vor: „Laß uns die Kraft des Weltalls in der Mitte der Erde verstecken."

Aber sie mutmaßten, daß der Mensch eines Tages auch diese Region erobern würde.

Schließlich sagte der weiseste Gott der Götter:

„Ich weiß, was zu tun ist. Laßt uns die Kraft des Universums im Menschen selbst verstecken, in seinem Inneren. Er wird niemals daran denken, dort danach zu suchen."

Nach diesem alten Märchen versteckten sie tatsächlich die Kraft des Universums im Menschen selbst, ganz tief im Inneren des Menschen, wo sie bei allen noch heute liegt. Es gibt allerdings viele Anzeichen, die darauf hinweisen, daß diese Innerlichkeit immer noch weiter verlorengeht. Dies verdeutlichen die Beispiele des teilweise rücksichtslosen Verhaltens mancher Autofahrer und -fahrerinnen, des sorglosen Umganges mit den Ressourcen der Natur, des Desinteresses am Umgang mit hilfsbedürftigen Menschen oder des Rückzuges aus jeder Verantwortlichkeit. Selbst die Pädagogik und die in diesem Bereich arbeitenden Personen können sich davon nicht völlig freisprechen. So soll an dieser Stelle mit einem Beispiel begonnen werden.

In einem Kindergarten hatte sich die Mehrheit der Mitarbeiterinnen entschlossen, die vierundfünfzig Artikel der „Rechte des Kindes" durchzuarbeiten. Nicht nur, weil das Übereinkommen über die Rechte des Kindes von der Generalversammlung der Vereinten Nationen in New York am 20. November 1989 verabschiedet und von der Bundesregierung ratifiziert worden war, sondern weil ein großes Interesse bestand, den Inhalt genauer kennenzulernen. Die Mitarbeiterinnen hatten verabredet, daß alle diesen Text durchlesen und mit guter Vorbereitung zur Besprechung erscheinen sollten. So fand das Treffen statt. Bei der Diskussion fiel auf, daß sich einige Mitarbeiterinnen entweder Notizen machten, während andere sprachen, oder sich gar nicht an der Auseinandersetzung beteiligten. Die engagierten Kolleginnen fühlten sich dadurch irritiert und fragten nach, inwieweit vielleicht das anfängliche Interesse an dieser Thematik inzwischen verflogen sein könnte. Folgende Antworten wurden gegeben:

– „Diese UNO-Charta oder wie sie heißt, ist ja wirklich umfangreich. Ich habe es einfach nicht geschafft, mich ganz damit auseinanderzusetzen. Außerdem habe ich mich gefragt, ob uns das wirklich etwas angeht."

– „Gesetze gibt es viele. Nun sollen wir auch noch irgendwelche Verordnungen aus der großen Politik beachten. Wir kennen es doch, wie mit Gesetzen umgegangen wird. Sie werden gebrochen, und wo es auffällt, gibt's Ärger. Ich glaube nicht, daß von außen jemand kommt und uns daraufhin überprüft, ob wir diese Gesetze auch wirklich einhalten."

– „Diese UNO-Charta sollte erst mal den Eltern bekanntgemacht werden. Vielleicht über Kurse an der Volkshochschule oder durch Vorträge in Familienbildungsstätten. Wir können doch nicht gegen den Willen von Eltern arbeiten. Dadurch kommen Kinder in einen großen Konflikt, weil sie sich durch die unterschiedlichen Erziehungsstile hin- und hergerissen fühlen. Meiner Meinung nach fangen wir an der falschen Stelle an."

– „Meiner Meinung nach sollten erst einmal die Rahmenbedingungen verändert werden. Kinderfreundlichkeit beginnt immer damit, daß die Grundlagen stimmen müssen. Und die sind ja wirklich nicht auf die Bedürfnisse von Kindern ausgerichtet. Laßt uns lieber einen Brief an den Träger schreiben und berechtigte Forderungen zur Gruppengröße und Personalbesetzung aufstellen. Wenn das dann stimmig mit unseren Erwartungen ist, dann bin ich auch liebend gerne bereit, mich über diese Rechte von Kindern zu unterhalten."

– „Ich höre immer, daß Kinder Rechte haben und bekommen sollten. Doch wo bleiben die Pflichten? Schaut euch doch um in dieser Welt: Kinder kriegen fast alles, was sie wollen, und kennen kaum noch Grenzen. Wir erziehen bei noch mehr Rechten für Kinder die nachfolgende Generation zu einer Einstellung, alles kriegen zu können, was sie will. Das finde ich nicht richtig."

Zunächst eine Vorbemerkung: Diese Charta wurde von den vielen Vertragsstaaten in Erwägung und in der Erkenntnis verabschiedet, daß jeder Mensch eine ihm innewohnende Würde besitzt und die Unveräußerlichkeit seiner Rechte die Grundlage von Freiheit, Gerechtigkeit und Frieden in der Welt bietet. Sie setzt sich dafür ein,
– den sozialen Fortschritt (!) und bessere Lebensbedingungen in größter Freiheit zu fördern;
– daß jeder Mensch Anspruch auf Rechte und Freiheiten hat;
– daß Kinder einen Anspruch auf besondere Fürsorge und Unterstützung besitzen;
– daß Kinder zur vollen Entfaltung ihrer Persönlichkeit umgeben von Glück, Liebe und Verständnis aufwachsen sollten;
– daß ein individuelles Leben in einer Gesellschaft am besten durch eine Erziehung geschieht, die insbesondere vom Geist des Friedens, der Würde und Toleranz, der Freiheit, Gleichheit und Solidarität gekennzeichnet ist;
– daß manche Kinder, die in außerordentlich schwierigen Verhältnissen leben, besondere Berücksichtigung erfahren müssen.

Es gibt viele Situationen, die dazu auffordern, aktiv zu sein. Eine solche kann sich ergeben, wenn Kinder Hilfe brauchen, wenn Eltern eine Unterstützung suchen, wenn Aufgaben im Kindergarten anstehen und Probleme gelöst werden sollen, wenn berufspolitische Aktivitäten gefragt sind oder eine Teamentwicklung neuerer Impulse bedarf, wenn es um die Notwendigkeit einer Kontaktpflege mit außenstehenden Institutionen geht oder um die Zusammenarbeit mit anderen Fachdisziplinen, wenn die Umsetzung bedeutsamer Fortbildungsinhalte einen aktiven Einsatz fordert oder die Vorbereitung von Festen, Veranstaltungen bzw. periodischen Elternabenden Arbeit mit sich bringt. Immer geht es um einen beruflichen Einsatz! Fragen wir uns demgegenüber, warum beispielsweise die Aktivität der Menschen in sozialpädagogischen Arbeitsfeldern so unterschiedlich verteilt ist, dann scheinen im ersten Augenblick die Gründe vielfältig und nachvollziehbar zu sein:

- Die einen Mitarbeiterinnen haben eine Familie (und damit besondere, zusätzliche Aufgaben), die anderen nicht.
- Die einen haben neben ihrer Arbeit zusätzliche Verpflichtungen, andere nicht.
- Die einen pflegen ein besonders zeitintensives Hobby, andere nicht.
- Die einen gehen sehr konstruktiv mit Zeit um (nutzen Zeit), andere lassen Zeiten ungenutzt verstreichen (brauchen Zeit).
- Die einen konzentrieren sich stark auf das Wesentliche einer Aufgabe, andere verzetteln sich.
- Die einen haben gelernt, ihre Arbeitsabläufe zu ordnen, andere lassen sich sehr schnell durch Äußerlichkeiten ablenken.

Alle diese Gründe, so unterschiedlich sie im ersten Augenblick auch scheinen, treffen aber nur den Rand des wirklichen Problems, um das es eigentlich geht.

Pädagogik fordert den ganzen Menschen und verlangt daher im originären Sinne Personen, die sich tief mit ihrer Arbeit identifizieren. Die Aufgaben der Pädagogik – worum es sich dabei im einzelnen auch immer handeln mag – ergeben sich aus den primären Zielen, beispielsweise den Anforderungen, Kindern bei ihrer Entwicklung zu helfen, Kindern bei ihrer Neugierde, die Welt um sich herum kennenzulernen, aktiv beratend zur Seite zu stehen, ihnen bei Aufgaben, die unlösbar erscheinen, eine Hilfestellung zu geben, sie in der Umsetzung von Vorhaben zu unterstützen, Beziehungen herzustellen oder mit Kindern Alternativen zu suchen bzw. zu erarbeiten, wenn bisherige Problemlösungsversuche untauglich waren bzw. sind.

Es geht bei all diesen – und weiteren – Forderungen *nicht* darum, etwas zu tun, weil beispielsweise

- die Leiterin etwas fordert;
- ein bestimmter pädagogischer Ansatz etwas Besonderes verlangt;
- eine Fachbuchautorin oder ein Fachbuchautor bestimmte Anforderungen formuliert;
- eine Fortbildungsreferentin bzw. ein Fortbildungsreferent die Notwendigkeit bestimmter Sichtweisen einfordert;
- ein Träger(-vertreter) bestimmte Inhalte umgesetzt sehen möchte;
- Eltern sich freuen, wenn bestimmte Schwerpunkte berücksichtigt werden würden;
- die Inhalte einer Konzeption nur bestimmte Schwerpunkte zulassen.

Vielmehr geht es immer darum, daß es die jeweiligen Herausforderungen selbst sind, die eine Aktivität notwendig machen!

Es ist nicht richtig anzunehmen, daß etwas getan werden soll, sondern eine Aufgabe trägt ihren Sinn darin, daß etwas getan werden will. In der Pädagogik spricht man von einer „intrinsischen Motivation" (der Wunsch, etwas Bestimmtes zu erledigen). Demgegenüber gibt es die „extrinsische Motivation" (die Aufforderung von außen, daß etwas erledigt werden soll).

Die Frage wird sich letztlich darauf konzentrieren, ob die Person selbst ein Interesse daran hat,

- sich selbst Ziele zu setzen;
- sich selbst an schwierige Aufgaben heranzuwagen;

– selbst Anforderungen wahrzunehmen und aufzugreifen;
– sich selbst zu Wort zu melden;
– selbst den Wunsch zu haben, sich einzumischen;
– sich selbst für neue Aufgaben bereitzustellen;
– eigene Ideen zu entwickeln und auszusprechen;
– selbst Herausforderungen des Alltags zu bemerken;
– sich selbst für wichtige Entscheidungen konsequent einzusetzen.

Worum es also geht, kann folgendermaßen auf den Punkt gebracht werden: Engagement und Aktivität, Verantwortung und Verantwortlichkeit, Einsatzfreude und Einsatzwille hängen immer von der Innerlichkeit der jeweiligen Motivation ab, ob man selbst vom Wert einer Idee, einer Einstellung überzeugt ist.

In dem Maße, in dem eine berufsbezogene Innerlichkeit verlorengegangen ist oder nicht aufgebaut wurde, in dem Maße ist automatisch eine intrinsische Motivation für Kinder und ihre Entwicklungsrechte und -chancen eingeschränkt. Wagt man sich nun an die Frage heran, was zu einer Einschränkung bzw. einem Verlust der Innerlichkeit führt, ist die Antwort schnell gegeben: Je weniger sich ein Mensch mit sich selbst auseinandersetzt, der eigenen Geschichte, der eigenen Lebensbiographie und Erziehung widmet, sich dem Werteverlust durch eigene Erfahrungen, Erlebnisse und Eindrücke stellt und sich an die mehr oder weniger gebrochene Seele wagt, desto mehr leben Kindheitserinnerungen und Schmerzen in dieser Person weiter: unbewältigt, nicht verarbeitet und nicht integriert in das eigene Erwachsenenleben. Kinder mit ihrer Lebendigkeit, Lebensfreude, ihren unangepaßten Verhaltensweisen und ihrer Spontaneität provozieren dann eigene Ängste in der Person des Erwachsenen. Das läßt sie hart, starr und unnachgiebig gegenüber Kindern werden.

Vielleicht ist es hilfreich, folgende Aussagen in Ruhe durchzugehen.

▪ Ich kann von Kindern nur das verlangen, was ich selbst auch von mir verlange.

▪ Erst wenn ich mich selbst verstehe, wie ich wurde und wie ich bin, kann ich mich langsam an die Aufgabe heranwagen, Kinder in ihren Ausdrucksformen zu verstehen.

▪ Ich bin ebenso ein lernender Mensch wie ein Kind.

▪ Ich bin der, der ich bin, und kann mich jederzeit ändern, wenn ich es will. Ein Kind ist ein Kind, und es wird sich dann ändern, wenn ich ihm dabei helfe, es selbst zu versuchen. Die Chancen dafür stehen gut, wenn ich das nicht von einem Kind fordere, sondern die Veränderung wie selbstverständlich als ein Bestandteil des eigenen Lebens vorlebe.

Eine Innerlichkeit kann durch vielerlei Fragen zurückgewonnen, neu aufgebaut, tief erfahren werden:

▪ Bin ich neugierig, mich selbst immer besser kennenzulernen?

▪ Bin ich mir sicher, daß meine Verhaltensweisen Kindern helfen, sich nach ihrer eigenen Zeit und ihrem eigenen Lebensrhythmus zu entwickeln?

▪ Stelle ich das einzelne Kind in den Mittelpunkt meiner Arbeit oder eher meine Absichten und Wünsche?

▪ Umarme ich Kinder mit meinen Worten und Blicken wie ein Freund oder begegne ich Kindern wie ein Feind?

▪ Wende ich mich intensiv und mühevoll mit meiner ganzen Kraft zunächst mir selbst und erst dann den Kindern zu?

▪ Spüre ich noch mein eigenes Kindsein in mir, und kann ich mich dadurch vorurteilsfrei auf Kinder einlassen?

Aus der Beantwortung dieser Fragen ergeben sich unweigerlich Konsequenzen: Wer in der Elementarpädagogik den Anspruch hat,

— Interessenvertreterin für Kinder zu sein, hat zunächst den Wunsch, eigene Interessen zu vertreten;

— Partnerin von Kindern zu sein, möchte partnerschaftlich mit seiner Person umgehen (partnerschaftlich ist hier gemeint im Sinne einer Annahme aller Persönlichkeitsmerkmale, um sich mit ihnen auseinandersetzen zu können);

— sich für Kinder einzusetzen, will sich auch deutlich für sich und die eigene Entwicklung engagieren (im Wunsch nach Supervision und Selbsterfahrung);

— Kinder in ihrer Selbständigkeit und Autonomie zu begleiten, spürt den Wunsch, sich kritisch mit sich und aktiv mit den vielfältigen Wahrnehmungen zu beschäftigen;

— verbesserte Entwicklungsbedingungen für Kinder anzumahnen, will sich in der eigenen Auseinandersetzung mit sich selbst mahnend betrachten;

— Entwicklungen der Kinder zu erkennen und zu verstehen, will sich selbst begreifen und die Fortschritte der eigenen Entwicklung nachvollziehen können;

— Kinder in ihrer Aktivität zu unterstützen, möchte selbst aktiv und initiativ sein;

— Kindern dabei zu helfen, konfliktfähiger und belastbarer werden zu können, sucht selbst danach, Konfliktfelder zu erkennen, Konflikte anzusprechen und zu lösen sowie die eigene Belastbarkeit auf- und auszubauen;

— daß Kinder neugierig und offen auf Situationen zugehen, möchte auch selbst die Neugierde zu einer wesentlichen Grundlage seiner Arbeit machen.

Die Forderung „Erkenne dich selbst, bevor du Kinder zu erkennen trachtest" formuliert der Reformpädagoge J. Korczak so:

„Leg dir Rechenschaft darüber ab, wo deine Fähigkeiten liegen, bevor du damit beginnst, Kindern den Bereich ihrer Rechte und Pflichten abzustecken. Es ist einer der bösartigsten Fehler anzunehmen, die Pädagogik sei die Wissenschaft vom Kind – und nicht zuerst die Wissenschaft vom Menschen." [5]

Pädagogik ist damit primär eine Selbsterziehung. Um so verständlicher ist dann auch dieser Satz:

„Sehen, Fragen stellen und auf Fragen antworten – das ist der Inhalt unseres Lebens, das ist der Inhalt unserer neuen Pädagogik." [6]

1.2 Veränderungen in Gesellschaft und Familie – Werte im Wandel der Zeit

In den letzten zwei Jahrzehnten haben sich viele Veränderungen in der Gesellschaft und für Familien ergeben, wobei der Wandel in immer kürzeren Zeitabständen zu beobachten ist. Früher wurden diese Veränderungen vor allem im Hinblick auf Kinder betrachtet. Heute sind auch junge Erzieherinnen davon betroffen, zumal sie aus ihrer veränderten Kinderzeit gerade diese veränderten Lebenserfahrungen selbst erlebt haben.

Hier einige Stichworte zur Einführung:

- Viele Kinder wachsen als Einzelkinder auf, ohne damit Geschwistererfahrungen machen zu können.
- Verwandtschaftsbeziehungen werden weniger gepflegt als in der Vergangenheit.

---

[5] Korczak, J.: Tagebuch aus dem Warschauer Ghetto 1942, Göttingen 1992, S. 21.

[6] Korczak, J.: Begegnungen und Erfahrungen, Göttingen 1973, S. 30.

- Mehrgenerationenfamilien und Großeltern leben eher in eigenen Wohnungen oder Altenheimen als mit ihren Kindern und Enkelkindern zusammen.
- Die Zahl der Kinder, die bei einem Elternteil aufwachsen, steigt von Jahr zu Jahr.
- Mütter – vor allem auch Frauen mit kleinen Kindern – gehen häufiger einer Berufstätigkeit nach.
- Mobilitätserwartungen an Arbeitnehmerinnen verlangen von Familien häufiger einen Wohnortwechsel, bei dem gewachsene Beziehungen aufgegeben werden müssen.
- Neue Medien ziehen Kinder und Erwachsene in zunehmendem Maße in ihren Bann.
- Umweltprobleme sorgen ohne Unterbrechung für immer neue Beunruhigungen.
- Lebensmitteltechnische Untersuchungen und nahrungsmittelbezogene Forschungen tragen zu ständiger Beunruhigung bei.
- Die Öffnung der europäischen Grenzen schafft Chancen für Arbeitnehmer, öffnet aber auch Tür und Tor für grenzüberschreitende organisierte Kriminalität.
- Wertesysteme und Weltanschauungen treffen aufeinander und können in vielerlei Hinsicht zu Irritationen (aber auch zu Chancen!) führen.
- Traditionelle Erziehungssysteme brechen zusammen, unterschiedliche Erziehungsziele geraten in Konkurrenz, und Erziehungsrichtungen und -ansätze treffen in teilweise destruktiver Art aufeinander.
- Kinder und Jugendliche, die der Gesellschaft den Rücken zuwenden, reagieren in zunehmendem Maße mit Aggression bzw. Gewalt, wobei bisherige Interventionsstrategien nur sehr vereinzelt wirken.
- Der Bereich „Suchtproblematik" ist gleichbleibend aktuell und gibt Anlaß zu großer Sorge.

Diese und sicherlich viele weitere Besonderheiten in der Gesellschaft führen zu einer Verunsicherung von Erwachsenen, die sich selbstverständlich auf Kinder überträgt. Schnell sind dann auf der einen Seite Forderungen gestellt, Erziehung im originären Sinne wieder so zu gestalten, „wie es früher schon richtig war", mit den bekannten Erziehungsmaximen Ordnung, Fleiß, Gehorsam, Triebunterdrückung, Zurückhaltung und Zufriedenheit mit Gegebenheiten. Auf der anderen Seite macht sich Resignation breit, und es wird aus einer monokausalen Schuldzuschreibung „an die Gesellschaft" heraus lediglich gefordert, Kinder heranwachsen zu lassen, ohne sie zu bevormunden. Hier stehen sich zwei Extreme gegenüber, die sicherlich für sich gesehen unbrauchbar sind. Wenn nota bene dann noch der Mensch als das ausschließliche Produkt seiner direkten Erziehung betrachtet wird, verspricht uns J. B. Watson die folgende Heilsbotschaft:

Gebt mir ein beliebig ausgewähltes Kind, und ich mache aus ihm, was ihr wollt: einen Bettler, Mörder, Wissenschaftler, Lehrer, Nobelpreisträger oder Musiker!

Entsprechend erzieherischer Weltanschauung oder einem jeweils vorherrschenden Zeitgeist wird dann Erziehung definiert und mit entsprechenden Merkmalen und Verhaltensweisen versehen.

Veränderungen in der Gesellschaft und in der Familie bedingen automatisch einen Wandel der Werte. Insofern ist die heutige Gesellschaft ein Spiegel ihrer Zeit. Es kann auch anders gesagt werden: Die Werte heute sind ein Spiegel der Umgangsformen und Lebensverhältnisse der derzeitigen Gesellschaft. Wenn sich Kinder heute in ihrer Lebenszeit immer stärker zerrissen fühlen, weil Pädagogik in zunehmendem Maße auf Ziele der Zukunft ausgerichtet ist, Kinder sich in ihren Lebensräumen immer weiter eingeschränkt fühlen, weil die Welt für sie immer weniger Platz zur Verfügung stellt, und Kinder sich in ihrem Leben entweder zunehmend alleingelassen oder völlig bevormundet fühlen, dann müssen Erzieherinnen den Kindergarten zu einem Ort gestalten, in dem Kinder grundlegende, basale Werterfahrungen machen können. Diese Werte müssen dann darauf ausgerichtet sein, daß Kinder

— Geborgenheit, Sicherheit und Verläßlichkeit finden, Vertrauen erleben und Zutrauen im Umgang mit sich selbst aufbauen können;

— in den Beziehungen mit den Erzieherinnen Zufriedenheit spüren, um sich ohne Angst oder Druck, Zurückhaltung und Resignation zu entwickeln;

— in den Persönlichkeiten der Erzieherinnen Vorbilder erleben, die beispielsweise nur das von ihnen erwarten, was sie selbst auch zu tun bereit sind, die an aktiver und konstruktiver Kommunikation Interesse zeigen und Probleme partnerschaftlich miteinander ansprechen, Lösungswege abwägen und schließlich gefundene Lösungen konsequent umzusetzen versuchen;

— deutlich spüren, wie ihnen von seiten der Erzieherinnen Wertschätzung, Achtung, Zuwendung und Respekt entgegengebracht werden, zumal diese Verhaltensmerkmale die Basis für Selbstwertgefühl und Selbstachtung bilden;

— Erzieherinnen erleben, die ihnen jeweils angemessene Zeiten zur Verfügung stellen, sich in Ruhe und mit Ausdauer den aktuellen Vorhaben und Projekten zu widmen;

— sich als Subjekt ihrer Entwicklung begreifen können und nicht den möglichen Erfahrungen ausgesetzt sind, Objekt oder Zieldefinition von Erwachsenen zu sein;

— Neugierde ausleben können auf der Suche nach sich selbst, auf der Suche nach Antworten für ihr Leben und auf der Su-

che nach Sinnzusammenhängen zwischen eigenen Bedürfnissen und den Möglichkeiten bzw. Grenzen, die ihnen die
Umwelt aufzeigt;
– vielfältige und sehr unterschiedliche Erfahrungen machen
  können, weil sie einerseits ihre Welt begreifen wollen und
  müssen, andererseits die Selbständigkeit nur dann auf- und
  ausgebaut werden kann, wenn sich Kinder in Handlungsaktivitäten selbst erfahren können.

Diesem Ideal steht das gegenüber, was Erzieherinnen oftmals als
Realität in Kindergärten erleben und was den Wertewandel wi-
derspiegelt. Folgende Kurzberichte mögen dies verdeutlichen:

„Neulich habe ich den Kindern etwas von den kleinen Wundern
in der Natur erzählt. Wir sprachen über Bienen und ihren Fleiß,
und dabei versuchte ich den Kindern klarzumachen, wie häufig
eine Biene zwischen den Blüten und ihrem Bienenstock hin-
und herfliegen muß, damit wir einen Teelöffel voller Honig gewinnen können. Ein Junge unterbrach mich und meinte, er
fände es viel besser, alle Bienen zu erschlagen. Dann würde niemand mehr gestochen werden. Meinen Einwurf, daß beim Tod
aller Bienen auch manche Vögel sterben müßten, weil diese sich
schließlich auch von Bienen ernährten, ließ er nicht gelten, sondern konterte mit dem Ausspruch, Vögel seien völlig überflüssig. Die müßte man alle abschießen, und damit wäre das Problem auch gelöst."

„Oliver und Johannes, zwei Kinder aus meiner Gruppe, haben
sich heftig gestritten. Offensichtlich ging es darum, daß sich
Oliver bei einer Absprache mit Johannes benachteiligt fühlte.
Ein Wort gab das andere, und schließlich schlug Oliver kräftig
zu. Johannes fiel rückwärts auf den Boden und schlug mit dem
Hinterkopf auf den Boden. Während er sich beim Aufstehen

den Hinterkopf rieb, sprang Oliver ihn erneut an, warf ihn zu Boden und fing an, ihn mit den Fäusten zu bearbeiten. Johannes rief, er möge aufhören, doch Oliver kümmerte sich nicht darum. Ich griff sofort ein. Oliver spuckte auf Johannes und sagte: ‚Dich bring ich um!‘ Als ich ihn aufforderte, solche Aussagen nicht zu treffen und sich bei Johannes zu entschuldigen, guckte er nur kurz zu mir hoch und meinte: ‚Du alte Schlampe hast mir hier im Kindergarten gar nichts zu sagen. Sonst kommt mein Vater und haut dir auch eine rein.‘“

„Katharina, ein quirliges, lebendiges und stets aktives Mädchen in unserer Gruppe, stand neulich etwas abseits von den anderen Kindern und weinte. Alle anderen Kinder kümmerten sich nicht um sie, sondern waren mit ihren eigenen Aktivitäten beschäftigt. Offensichtlich war Katharina hingefallen – sie hielt sich das Knie, und die Tränen liefen ihr die Wangen herunter. Ich eilte zu ihr, und sie berichtete davon, daß sie beim Klettern auf den Stühlen heruntergefallen sei. In der Abschlußrunde, die wir immer kurz vor dem Ende des Vormittags einberufen, sprach ich die Kinder darauf an und fragte sie, ob denn niemand Katharina gesehen habe und niemand zu ihr gegangen sei, um sie zu trösten bzw. ihr zu helfen. Markus konterte sofort: ‚Wenn einer hinfällt, ist er selber schuld.‘ Und Kilian fuhr mit den Worten fort: ‚Wenn Mädchen weinen, dann kann man ihnen nicht helfen.‘ Bruno setzte dem Ganzen durch seine Äußerung die Krone auf. ‚Ich hab’s gesehen. Doch das war nicht schlimm, denn schließlich hat sie nicht geblutet. Und wenn mir mal was wehtut, hilft mir auch keiner.‘“

„Bei uns in der Gruppe ist es üblich, daß wir uns zum Essen treffen und gemeinsam miteinander speisen. Die Kinder haben ihre eigenen Eßsachen mit. Wenn sie dann an den Tischen sitzen, vergleichen sie oft das, was sie von zu Hause mitgebracht haben. Dabei fielen in der Vergangenheit z. B. folgende Aus-

sagen: ‚Meine Mutter hat mir heute wieder so'n Mist mitgege-
ben, den ich nicht mag.' Oder: ‚Was du ißt, mag vielleicht der
Mülleimer.' Oder: ‚Ich schmeiß die Sachen, die ich nicht schaff',
immer weg.' Es gibt aber auch andere Äußerungen von Kindern,
die nichts von zu Hause mitbekommen: ‚Meine Mama hat keine
Zeit, mir was zu machen. Krieg ich von deinem Butterbrot was
ab?' Oder: ‚Heute morgen hab ich noch nichts gegessen. Gibst
du mir was, weil ich ganz großen Hunger habe?'"

Diese Beispiele mögen stellvertretend für alltägliche vergleich-
bare Kinderäußerungen oder Verhaltensweisen stehen. Sie alle
haben eines gemeinsam:

- Die Beziehung zur Umwelt, zu Pflanzen und Tieren, ist viel-
  fach gekennzeichnet durch Unkenntnis und Beziehungslosig-
  keit.
- Die Umgangskultur – zwischen Kindern und Erwachsenen
  sowie Kindern untereinander – weist sich häufig durch Egozentrismus, Ignoranz von Gegebenheiten und fehlende Hilfsbereitschaft, Desinteresse am anderen, Machtansprüche und
  subjektive Schuldzuweisungen aus.
- Das Verhältnis zu Nahrungsmitteln ist oft einerseits durch
  das Überangebot gestört, andererseits werden Lebensmittel
  geringgeschätzt und wie „überflüssiges Zeug" behandelt.

Es ist in vielen Bereichen der „Verlust der Innerlichkeit" zu ver-
merken, dem Kinder und Erwachsene gleichermaßen unterlie-
gen. Leider ist es nicht nur ein Problem einzelner Menschen
oder Gruppen, sondern inzwischen auch ein Problem, das sich
in der Pädagogik niederschlägt. Gemeint sind dabei nicht die
Auswirkungen der Veränderung in Gesellschaft und Familie: damit *hat* sich die Elementarpädagogik auseinanderzusetzen und
sich den Realitäten zu stellen, weil es ihre Aufgabe ist, eine zeit-

orientierte Entwicklungsbegleitung zu realisieren. Darum geht es hier nicht! Vielmehr sind es die Folgen, die sich in der Gestaltung eines pädagogischen Alltags zeigen. Pädagogik läßt sich in zunehmendem Maße auf diesen Zeitgeist ein, wobei das sicherlich nicht geplant ist oder bewußt geschieht. Das soll heißen: In dem Maße, in dem die Welt für Kinder immer unverständlicher, sinnzerrissener und aufgeteilter wird, in dem Maße greift die Elementarpädagogik auch immer häufiger auf Einzelaspekte zurück, die den Anspruch haben, Kindern in dieser Welt zu helfen, die aber bei genauerem Hinschauen sinnisolierte Versuche sind, die mittel- und langfristig ohne Erfolg bleiben müssen:

- So gibt es bestimmte pädagogische „Ansätze", die nicht die Kinder selbst zum Mittelpunkt machen und zudem entwicklungspsychologische Erkenntnisse im Rahmen einer entwicklungsstützenden Basis außer acht lassen, sondern statt dessen Wünsche und Vorlieben der Erzieherinnen in den Vordergrund stellen und diese zum Ausgangspunkt einer „Pädagogik" erklären.

- Manche Einrichtung in der Elementarpädagogik gleicht einem Selbstbedienungsladen, weil Kinder dort das tun und lassen können, was sie gerade wollen – die Rolle der Erzieherinnen beschränkt sich lediglich darauf, den Rahmen für diese Laisser-faire-Entfaltung zu ermöglichen.

- In einigen Kindertagesstätten scheint die berechtigte oder unberechtigte Unzufriedenheit der Erzieherinnen so groß zu sein, daß ein steter Wechsel des Personals sehr viel Unruhe in die Einrichtungen bringt. Mitarbeiterinnen kommen und gehen, und die Kinder sind dadurch sehr irritiert, weil feste, dauerhafte Beziehungen gar nicht entstehen können.

- Die Rahmenbedingungen in vielen Kindertagesstätten sind katastrophal – Industriebetriebe oder Handwerkseinrichtungen hätten unter diesen Arbeitsbedingungen schon ihre Tore geschlossen oder ihre Insolvenz bekanntgegeben. Wenn solche Kindertageseinrichtungen dennoch ihren Betrieb aufrechterhalten, dann geht das meist mit Überforderungen einzelner Mitarbeiterinnen Hand in Hand. Durch außergewöhnlich starke Beanspruchungen werden Mitarbeiterinnen krank, und Kinder müssen damit erlebte Kontakte für (un-) begrenzte Zeiten zu ihren Erzieherinnen ab- bzw. unterbrechen.

Fast jedes Jahr kommen neue Schlagworte in der Elementarpädagogik ins Gespräch, und ohne die Bedeutung dieser Begriffe herabzusetzen, fällt auf, daß es eine Reihe von Erzieherinnen gibt, die damit eine neue „Heilslehre" verbinden und sich damit eine Lösung bestimmter Probleme versprechen. Dabei wird allerdings schnell übersehen, daß es in der Regel äußerst komplexe Zusammenhänge sind, die erst in einer Verknüpfung ganz unterschiedlicher und vielfältiger Faktoren einen möglichen „Erfolg" in Aussicht stellen. So sind es „spots", die manche Erzieherinnen begeistern – sie werden aufgegriffen, weil sie sich vielversprechend anhören, können allerdings nur mit einem qualifizierten Basiswissen in ihrer tatsächlichen Wirkung erfaßt werden. Leider geschieht diese tiefe Auseinandersetzung nicht selten in einer sehr mangelhaften Qualität.

Sinnzusammenhänge können von Menschen nur erfaßt werden, wenn sie sich auf die Suche nach Verknüpfungen zwischen einzelnen Gegebenheiten einlassen. Dazu gehören unterschiedliche Schwerpunktbildungen, die gesehen und als Ziele formuliert werden müssen:
- Wahrnehmung von Ereignissen, Geschehnissen, Situationen;
- Registrierung besonderer Vorkommnisse;
- Auseinandersetzung mit den wahrgenommenen Realitäten

und Herstellung von Beziehungen zwischen diesen Dingen und sich selbst;
— klare Formulierungen der Ziele, die man sich selbst und für die Arbeit setzt;
— qualifizierte Begründung der Ziele, um sich fachlich und persönlich abzusichern;
— Entwürfe von Handlungsstrategien, die zur Umsetzung der Ziele geeignet zu sein scheinen;
— Beobachtung und Reflexion der eigenen Handlungsschritte.

Um dies zu schaffen und zum Wohl der Kinder, der Eltern, der Pädagogik und der eigenen Person umzusetzen, ist es notwendig, die eigenen Qualitäten zu prüfen, zu kennen, zu hinterfragen und zu erweitern. Dazu gehören viele Merkmale einer stabilen Selbst-, Sach- und Sozialkompetenz, die erarbeitet werden müssen. Wo sie fehlen, ist es nicht verwunderlich, daß pädagogische Kurzprogramme oder bildungspolitische Strömungen Hochkonjunktur haben.

Der Kindergarten ist durch die Veränderungen in Gesellschaft und Familie geprägt. Gleichzeitig sind auch in ihm Werte im Wandel begriffen, weil
— der persönliche Verlust einer stabilen Identität,
— Oberflächlichkeiten in den Beziehungen zu sich selbst und anderen Erwachsenen,
— Methodengläubigkeit und vorschnelle Programmanwendungen,
— Entmoralisierungen von Werten mit basalen Bedeutungen,
— Egozentrismus als Alternative zu tiefem Gemeinschaftserleben,
— anhaltende, ungelöste persönliche Konflikte,
— Desinteresse bzw. Ignoranz an einem (vor-)wissenschaftlichen Arbeiten

im Vordergrund stehen und die Arbeit der Elementarpädagogik prägen.

Orientierungslosigkeit und Irritationen in bezug auf Werte oder einen Werteverlust sind sicherlich Gegebenheiten und Probleme einer immer undurchschaubareren, hochtechnisierten Gesellschaft. Doch darf nicht vergessen werden, daß eine Gesellschaft aus einer Ansammlung vieler Einzelpersonen besteht. Und dazu gehören alle Menschen in einem Gesellschaftsverbund: LehrerInnen und PolitikerInnen, AutorInnen wie ErzieherInnen etc.

Damit kommt der (Elementar-)Pädagogik und den Personen, die in ihr tätig sind, eine besondere Bedeutung bzw. Verantwortung zu. Wenn beispielsweise Horst-Eberhard Richter von der „Ellenbogengesellschaft" spricht, dann gilt es, mit gelebten Werten auch im Kindergarten eine andere Umgangskultur zu pflegen.

Wenn die „Prinzen" ein Lied betiteln: „Du mußt ein Schwein sein in dieser Welt", und wenn es in einem Liedtext der „Fantastischen 4" heißt: „Du bist der Chef auf deinem Fest, du bist der Boß, du bist der Held. Was kümmert dich der Rest – du bist zu geil für diese Welt", dann ist es die Aufgabe der Erzieherinnen, andere Werte als diese erlebbar zu machen. Die Elementarpädagogik hat die Chance, mit Engagement und deutlichen Zielorientierungen diesem zweifelhaften Wandel der Werte zu widersprechen und basal-notwendige Werte in die Praxis zu integrieren. Statt „megageiler" Erlebnisse können Erzieherinnen mit Kindern Projekte erarbeiten, die spannend, lebendig, sinnvoll und interessant sind. Voraussetzung dafür ist allerdings die Entscheidung, selbst Verhaltensweisen zu zeigen, die für die eigene Entwicklung und die der Kinder wertvoll sind.

Werte sind fundamentale Elemente, die für die Gestaltung der eigenen Lebenszeit und für die Kommunikation mit anderen Menschen wesentlich sind. Sie tragen zu einem besseren Verstehen, einer konstruktiven Umgangskultur und einer menschlichen Beziehungspflege bei, die wiederum zur Folge haben, daß Menschen nicht einem tiefen Egozentrismus verfallen, sondern auch das Gemeinwohl mit im Auge haben. Werte können durch besondere Umstände ins Wanken geraten oder bisweilen in Vergessenheit geraten – sie sind immer Ausdruck ethischer Maßstäbe in der Gesellschaft. Wir Menschen brauchen Werte und Wertkonsense, um Verbindungen zu und Annäherungen an uns und andere auf- und auszubauen. Gehen dagegen wesentliche Werte verloren, kommt schnell ein Prozeß in Gang, der trennenden und widersprüchlichen Charakter in sich trägt.

Mit diesen Aussagen ist allerdings nicht gemeint, daß traditionelle Werte grundsätzlich an sich eine Bedeutung und Berechtigung besitzen. Vielmehr ist es notwendig und hilfreich, die Aussagekraft einzelner Werte genau zu hinterfragen und auf ihren Bedeutungsgehalt hin zu überprüfen, ob sie dem Menschen selbst und anderen Personen für ihre Entwicklung hilfreich ist. Wertediskussionen können daher grundsätzlich begrüßt werden, wenn ein Diskurs über sie konstruktiv geführt wird. So sind alte Werte wie Anpassung an Gegebenheiten, Untertanengeist oder Zucht geschichtliche und überholte Maßstäbe. Heute stehen statt dessen Kritikfähigkeit, Mitdenken, Einmischung und Partizipation im Blickpunkt einer emanzipatorischen, demokratischen Pädagogik. Normenklischees führen allzuschnell zu einer vorgegebenen Gedanken- und Verhaltensausrichtung, wohingegen Selbständigkeit und vernetztes Denken die Grundlage für eine kritische Auseinandersetzung bilden. Doch auch hier gibt es sogenannte „alte" Werte, die nicht nur deswegen ablehnenswert sind, *weil* sie alt sind. Denken wir beispielsweise an Werte wie Selbstdisziplin, Leistung oder Respekt vor dem Eigentum anderer bzw. Wertschätzung im Umgang miteinander.

Wenn Menschen wenig Lust an bzw. für etwas empfinden, dann gibt es zwei Möglichkeiten: Zum einen kann die „lustlose Aufgabe" links liegengelassen werden, zum anderen können eigene Zielsetzungen und eigene Motivationsgedanken dabei helfen, eine Herausforderung so zu strukturieren, *daß* etwas Lust bereitet. Genau hier liegt die Selbstverantwortung eines jeden einzelnen (= Selbstdisziplin).

Und der Begriff „Leistung" hat nicht im originären Sinne etwas mit Streß oder Ausbeutung zu tun, sondern vielmehr mit dem Anspruch, etwas für sich selbst oder für andere an Ertrag zu erbringen. Andere können dabei Kinder oder Eltern sein, denn schließlich liegt darin die Hauptaufgabe der Elementarpädagogik.

Respekt vor dem Eigentum anderer versteht sich von selbst, sind bzw. waren es doch andere, die sich ihr Eigentum „verdient" haben.

Ähnlich verhält es sich mit dem Begriff „Wertschätzung": anderen Menschen oder Dingen gegenüber einen Wert empfinden und ihn eben als etwas Besonderes zu schätzen. Selbst in der (Elementar-)Pädagogik – in der Theorieauseinandersetzung und in der Praxis – weisen ungezählte Beispiele auf eine Geringschätzung hin, wenn Umgangsformen näher betrachtet werden. Davon sind Wissenschaftler wie Praktiker nicht ausgeschlossen. Aufgabe einer wertorientierten Pädagogik wird es sein, heute bedeutsame Werte zu identifizieren und diese in den Arbeitsalltag zu integrieren. Dabei geht es um ästhetische Werte (Sprachausdruck und stilvolles Verhalten), ethische Werte (beispielsweise Treue, Ehrlichkeit, Aufrichtigkeit, Wahrheit, Gerechtigkeit), Güterwerte (beispielsweise Umgang mit Zeit, kritischer Umgang mit Konsum), politische Werte (beispielsweise Mitsprache, Einmischung, politische Aktivität, Freiheit der Gedanken, Toleranz und Engagement) sowie logische Werte (Gradlinigkeit, Klarheit, sinnverbundenes Verhalten). Sie alle können daher als kommunikations- und gesellschaftsfördernd angesehen werden. Sie leben durch die Personen, die die Bedeutung basaler Werte schätzen und für sich zunächst damit beginnen, sie auf das eigene Leben zu übertragen, um dann eine „Pädagogik der Werte" zu gestalten. Hier ist jede Erzieherin gefordert, Kindern Werte nicht nur theoretisch zu vermitteln, sondern sie ihnen vorzuleben.

2 Ansatzpunkte einer neuen Werteerfahrung in der Elementarpädagogik

2.1 Werte und ihre Bedeutung für eine konstruktive Umgangskultur

Die vielfältigen Veränderungen in der Gesellschaft und in den Familien sowie die außerordentlich starken Veränderungen in den Welten der Kinder – Stichwort: Kindheit im Wandel – haben dazu geführt, daß alte, gewohnte und daher bekannte Vorgehensweisen in der Elementarpädagogik nicht mehr greifen, in einigen Fällen sogar kontraindiziert sind. Vor über 60 Jahren gab es einfache, klare Hinweise, wie sich eine „Kindergärtnerin" zu definieren hatte. So heißt es beispielsweise in einem Text aus dem Jahr 1931:

„Leben und Nehmen aus Gottes Geist.
Mit leuchtenden Augen Liebe verschenken, nach Freude dürstende Kinder tränken. Heißt: All die Blumen im Kindergarten, die kleinen Seelchen, die feinen, die zarten, vor Frost und Hitze, vor brausenden Stürmen, sie treulich hüten, sie mächtig schirmen. Den Welkenden Wasser zu neuem Leben, den Kranken und Wunden viel Wasser geben. Das Weh der Kleinen stillen und lindern und immer wieder Kind sein mit Kindern. In Häusern und Hütten der Ärmsten und Armen, die Eltern besuchen und voller Erbarmen verstehend und helfend den Müttern raten, mit freundlichen Worten und gütigen Taten. Nicht Mutter sein – und doch Mutterpflichten, die kleinen alle, in Treue verrichten. Wie Mütter wehren, wie Mütter sorgen, wie Mütter entbehren,

heute und morgen. In jeder Seele Gottes Gedanken ehren und preisen, bereit zum Danken. Im Herzen Frieden und Sonnenschein, das heißt, eine Kindergärtnerin sein."[7]

Viele Jahrzehnte lang wurden die Entwicklungsbereiche Begabung und Intelligenz der Kinder unter dem Aspekt der genetisch bedingten Vorgabe und einer sozialkulturellen Prägung betrachtet, bis schließlich Mitte der 60er Jahre das Kind und seine Entwicklung primär als das „Ergebnis von Lernprozessen" eingeschätzt wurde. Gerade „kulturell vernachlässigte Kinder" bedurften nach den damals maßgeblichen Bildungstheoretikern einer besonderen Beachtung und Förderung, die wiederum in vorschulischen Institutionen professionell und gezielt betrieben werden sollten (Lückert 1967). Insbesondere wurde gerade den Kindern im Alter von 3 bis 5 Jahren eine „erhöhte Aufnahmebereitschaft und Speicherkapazität" zugesprochen, die intensiver und in einer gezielten Unterrichtung der Kinder gefördert werden sollten (Correll 1970). So entwickelte sich das Ziel im Hinblick auf die Vermittlung basaler Kulturtechniken wie Lesen, Schreiben und Rechnen; im Vordergrund stand der Aufbau „eines präzisen Grundwissens" und die „direkte Förderung der Intelligenz". Die Elementarpädagogik entwickelte sich schnell zu einer Stelle, an der Kinder in ihren Fertigkeiten oder in bestimmten Funktionsbereichen trainiert werden sollten, wobei eine scharfe Trennung der jeweiligen Bereiche beachtet wurde. Es gab spezielle „Übungen zur Förderung der Fein- oder Grobmotorik", der Sprache, sozialer Fertigkeiten oder kognitiver Lernvorgänge. Lernziele wurden aufgestellt, in Fein-, Grob-, Richt- und Leitziele unterteilt, so daß Kinder von Lernschritt zu Lern-

---

[7] Berufung Kindergärtnerin, in: Diakonie heute, Düsseldorf 1931, S. 5.

schritt zu den erwünschten Verhaltensweisen finden konnten. Immer stand dabei die Einrichtung Schule groß im Vordergrund, wobei die Vorbereitung darauf ebenso wichtig war wie die Umsetzung des Anspruches, daß Kinder mit Defiziten kompensatorische Erfahrungen machten konnten. Das Freisetzen frühkindlicher und gleichzeitig brachliegender Bildungsreserven wurde zum „non plus ultra" erklärt, wobei Chancengleichheit in allen Bestrebungen zu einem übergeordneten Ziel erhoben wurde.

Schnell entwickelten sich Förderungsprogramme, die sowohl in Kindertagesstätten als auch im häuslichen Umfeld einen reißenden Absatz fanden: Frühfördertrainings zum frühen Lesenlernen, zur Schulung des mathematischen und logischen Denkens, zur Differenzierung des Wortschatzes, zum Ausbau der Konzentrationsfähigkeit oder beispielsweise zur Wahrnehmungsdifferenzierung. Was Erzieherinnen und Eltern gleichermaßen faszinierte, war die praktische Umsetzung der Ziele: Die Arbeitsmaterialien waren vorhanden, die Aufgaben und Übungen handfest und klar formuliert, und die Ergebnisse waren jederzeit überprüfbar und ließen Vergleiche mit anderen Kindern bzw. mit vergangenen Arbeitsblättern zu. Gab es bei den durchgeführten Lernkontrollen positive Ergebnisse, konnten sich die Erzieherinnen oder Eltern auf die Schultern klopfen. Neben der „Meßbarkeit" pädagogischer Arbeit und einer gleichzeitig vorhandenen „Theoriebegründung für vorwissenschaftliches Arbeiten" stärkte dieses Vorgehen auch die Berufsrolle der Erzieherinnen: Je mehr gezielte Programme durchgeführt wurden, desto besser war die Pädagogik und um so wichtiger war offensichtlich diese besondere „Professionalität". Gefragt war weniger die Identitätsentwicklung des Kindes als vielmehr eine Ergebnisorientierung einzelner erreichter bzw. erreichbarer Lernstufen bestimmter Förderfaktoren. Darüber hinaus wurde durch die Altershomogenität der Gruppen und die Nichtberücksichtigung eines „handlungsorientierten Erfahrungslernen in Lebensbezügen" eine Art Schulklassenatmosphäre geschaffen, die Kinder zwar kognitiv forderte, emotional und motorisch allerdings über- bzw. unterforderte.

Neben diesem „funktionsorientierten Ansatz" gibt es eine Reihe anderer pädagogischer Ansätze, die sich durch besondere Merkmale und Kennzeichen ausweisen. Erinnert sei an Fröbels Spielpädagogik, die Anthroposophie Rudolf Steiners (Waldorf-Pädagogik), den Situationsansatz, die Entwicklungspädagogik von Maria Montessori, den Situationsbezogenen Ansatz, die Pädagogik nach Loris Malaguzzi (Reggio-Pädagogik), den Situationsorientierten Ansatz der 90er Jahre, den offenen Kindergarten, den kinderzentrierten Ansatz oder den lebensbezogenen Ansatz. Grundtendenz heutiger Elementarpädagogik ist die Orientierung an Bedürfnissen und Interessen der Kinder, um von dort aus weitergehende individuelle und soziale Entwicklungsprozesse zu unterstützen.

Je vielschichtiger dabei eine Gesellschaft ist, desto unterschiedlicher erleben Kinder ihre besonderen Situationen und desto ungleicher ist die Ausgangsbasis für eine pädagogische Arbeit. Pauschal vorgefertigte Programmschwerpunkte oder Themenblocks, die den Anspruch auf Allgemeingültigkeit haben, können ebensowenig auf die Individualität von Kindern übertragen werden wie es bestimmte didaktische Einheiten schaffen, individuelle Anreize für eigene Aktivitäten mit entwicklungspädagogischer Bedeutung zu geben.

Werte und ihre Bedeutung für eine konstruktive Umgangskultur ergeben sich also weniger aus kurzen Berufs- und Aufgabendefinitionen als vielmehr aus der Notwendigkeit, daß Erzieherinnen vor Ort

– die Lebenssituationen der Kinder kennen und in Sinnzusammenhängen betrachten;

- den Kindergarten als ein lebendiges und offenes Erfahrungs-
  und Lernfeld verstehen, um mit Kindern gemeinsam persönliche Entwicklungschancen und -herausforderungen zu entdecken;
- Kinder aktiv bei dem Prozeß ihrer Identitätsentwicklung begleiten;
- handelnde, vielfältige Auseinandersetzungen ermöglichen,
  um mit sich selbst, anderen Personen, Gegebenheiten und
  Dingen des Umfeldes in Beziehung zu treten und lebensnot-
  wendige Lernerfahrungen zu machen;
- Möglichkeiten schaffen und bieten, sich selbst kennenzulernen, um eigene Verantwortlichkeiten zu übernehmen und
  Verantwortung für andere und ihr (in-)direktes Umfeld zu
  sehen.

Die aktuelle Herausforderung an die Fachkräfte in Kindergärten
besteht heute darin, sich für Arbeitsziele zu entscheiden, die bestimmte Werte beinhalten – Werte, die für die Erzieherinnen
selbst und die ihnen anvertrauten Kinder eine besondere Bedeutung haben.

Mit den folgenden Ausführungen soll der Versuch unternommen werden, vier elementare Kompetenzen zu beschreiben, und
anhand ihrer Bedeutung für eine konstruktive Umgangskultur
ihr jeweiliger Wert herausgestellt und verdeutlicht werden:
Selbstverständlich gibt es weitere Werte bzw. humane oder professionelle Kompetenzen. Die Auswahl ist dadurch begründet,
daß es offensichtlich Grundfähigkeiten gibt, die eine basale (pri-
märe) Bedeutung für die Umgangskultur besitzen. Sie kommen
im täglichen Zusammenleben mit Kindern, Eltern und Kolleginnen zum Tragen und sind mehr als andere Werte und Kompetenzen Stützpfeiler einer wertorientierten Pädagogik.

2.1.1 Entscheidungskompetenz

Mitarbeiterinnen in Kindertagesstätten fühlen sich häufig zwischen den vielfältigen Erwartungen hin- und hergerissen, die von unterschiedlichen Seiten an sie herangetragen werden. Schauen wir uns dabei einmal in der Praxis um, so ist die Erwartungsvielfalt bedeutend höher als in anderen Berufszweigen. Die Frage, wie das möglich ist, kann schnell beantwortet werden: Auf der einen Seite ist das Berufsbild der Erzieherin weniger klar gefaßt als vergleichsweise das anderer „Handwerker", bei denen es um sachlich-klare Aufträge geht. Ein Schreiner soll ein Fenster aus Holz in vorgegebenen Maßen in einer bestimmten Zeit zu einem bestimmten Preis herstellen. Ein Automechaniker stellt mit Hilfe einer sorgfältig vorgenommenen Diagnose einen bestimmten Fehler in der Autoelektrik fest und versucht, diesen zu beheben. Ein Lehrer hat in einer bestimmten Jahrgangsstufe in einem bestimmten Fach anhand seines Curriculums einen bestimmten Stoff zu vermitteln, oder ein Werbegraphiker versucht, einen fest umrissenen Auftrag in einer abgesprochenen Zeit nach den Vorstellungen des Kunden und in Abwägung der eigenen Ideen zu erfüllen. Ob Schreiner, Automechaniker, Lehrer oder Werbegraphiker, alle haben eines gemeinsam – ihre Aufgaben sind formuliert, sie haben ihr berufsspezifisches Handwerkszeug und ihren bestimmten Ort, an dem sie ihrer Aufgabenstellung nachgehen können.

Schauen wir uns dagegen in den Kindertagesstätten um, so fällt zunächst ein deutlicher Unterschied zu den vorgenannten Berufsgruppen auf: Es gibt keinen Arbeitstag ohne außergewöhnliche Störungen. Sei es, daß Eltern bestimmte Wünsche haben und diese den Erzieherinnen mitteilen wollen, sei es, daß Vertreter und Vertreterinnen in den Arbeitszeiten der Mitarbeiterinnen vorstellig werden und ihre Produkte anbieten möchten. Sei es, daß Trägervertreter um ein „schnelles Gespräch zwischendurch" bitten oder das Telefon mit seinem Klingeln auf sich aufmerksam macht, daß jemand von außerhalb des Kindergartens etwas wünscht. Die Erwartungen sind entsprechend vielfältig und stehen teilweise mit ihren Inhalten in Widerspruch zueinander. Richten wir zunächst unser Augenmerk auf die Erwartungen der Kinder: So unterschiedlich ihre Biographien und Lebensbedingungen sind, so unterschiedlich sind auch ihre Bedürfnisse. Es gibt Kinder, die wollen

- nichts anderes als spielen, entweder alleine oder zusammen mit bestimmten Freundinnen oder Freunden;
- Unterstützung bei einem bestimmten Vorhaben, da sie merken, daß sie es nicht ohne die Hilfe eines Erwachsenen schaffen;
- kuscheln und schmusen;
- aus ihrem Lieblingsbuch etwas vorgelesen bekommen;
- am liebsten nach draußen, um im Wald herumzustromern und vielleicht etwas Neues zu entdecken;
- laut sein, schreien und herumlaufen, um ihrem Bewegungsdrang freien Lauf zu lassen;
- Trost finden, weil sie geschubst oder geschlagen wurden, sich einsam oder von den anderen Kindern ausgeschlossen fühlen;
- beachtet werden; sie klammern sich an die Erzieherinnen, lassen sie kaum los und folgen ihnen auf Schritt und Tritt;
- sich zurückziehen, um ihre eigenen kleinen und großen Geheimnisse zu pflegen, die vor aller Augen versteckt werden sollen;
- Antworten auf ihre vielen Fragen haben;
- Aufmerksamkeit, weil sie im Laufe ihres bisherigen Lebens die Erfahrung machen mußten, daß ihnen davon zuwenig geschenkt wurde;
- vor lauter Wohlfühlen im Kindergarten gar nicht nach Hause – kommen ihre Eltern sie abholen, so müssen sie ihnen erst alles zeigen, was heute im Kindergarten los war.

Dann gibt es die Erwartungen der Eltern, die vom Kindergarten beispielsweise folgendes erhoffen: Der Kindergarten soll durch seinen pädagogischen Ansatz, seine didaktischen Schwerpunkte und Methoden dafür sorgen, daß

— die Kinder auf den Besuch der Grundschule gut vorbereitet werden und daher mit didaktischen Arbeitsmaterialien gezielt üben;

— gerade Einzelkinder durch die vielfältigen Sozialerfahrungen mit anderen Kindern die Möglichkeit haben, den Umgang mit Gleichaltrigen aufzubauen und zu pflegen;

— möglichst viel gebastelt wird, um Kindern dabei zu helfen, sinnvolle Freizeitbeschäftigungen zu erfahren;

— die Kinder in der Zeit des Kindergartenbesuchs gut aufgehoben sind und die Eltern ein zufriedenes Gefühl haben können;

— ihr Kind nicht als Person zu kurz kommt;

— die Kinder lernen können, Konflikte konstruktiv zu lösen;

— besondere Auffälligkeiten in den Verhaltensweisen der Kinder bemerkt und abgebaut werden können;

— Kontakt zu den Eltern gepflegt wird;

— die Kommunikation zu den Eltern nur in dem Maße gesucht wird, wie es notwendig zu sein scheint;

— der Kindergarten ein Ort für Kinder und Eltern ist, dem sie in allen Fragen vertrauen können und der stets für Eltern ein offenes Ohr hat.

Die Erwartungen sind damit aber noch lange nicht abgeschlossen. Auch Fachberater und Fortbildungsreferenten haben Erwartungen an die pädagogischen Mitarbeiterinnen, beispielsweise, daß sie sich

— mit aktuellen Forschungsergebnissen aus der Elementar- und Primärpädagogik auseinandersetzen;

– mit Fachliteratur (Fachzeitschriften und Fachbüchern) befassen, um aktuelle Trends oder Diskussionen zu verfolgen;
– flexibel aktuellen Herausforderungen stellen – beispielsweise
der Qualitätssicherung kindorientierter Standards in der Elementarpädagogik;
– mit Interesse und Neugierde auch schwierigen Aufgaben stellen, die ein besonderes Maß an Belastbarkeit und Ausdauer
erforderlich machen.

Schließlich hat der Träger einer Einrichtung Erwartungen, ist er
es doch, der die betreffende Einrichtung (mit-)finanziert und
daher bestimmte Standards umgesetzt sehen möchte:

▪ Der Kindergarten soll sowohl nach innen als auch nach außen ein gutes Bild abgeben.
▪ Der Kindergarten soll „gut laufen", damit weder Eltern noch
die allgemeine Öffentlichkeit Grund zur Klage haben.
▪ Die Kindergartenarbeit sollte in Zeiten allgemein bekannter
Sparhaushalte möglichst mit einer knapp bemessenen Bud-
getierung auskommen.
▪ Die Mitarbeiterinnen sollten sich verstärkt im Gemeindele-
ben engagieren und, wenn möglich, auch ehrenamtlich für
bestimmte Aufgaben zur Verfügung stehen.
▪ Die Mitarbeiterinnen sollen sich dem Träger gegenüber loyal
verhalten und seine Interessen zu eigenen Wünschen erklären.

Aber auch die Öffentlichkeit hat Erwartungen an die Aufgabe
des Kindergartens und damit an die Mitarbeiterinnen. Sie stehen im „Rampenlicht" beispielsweise
– bei der Zusammenarbeit mit der Grundschule: Berührungs-
punkte ergeben sich spätestens dann, wenn es um die Beur-

teilung der Schulfähigkeit der einzelnen Kinder geht oder
wenn in den ersten beiden Schuljahren die Lehrer und Lehrerinnen mit den Kindern unterschiedlicher Kindergärten
ihre Erfahrungen auswerten, welche „Vorschuleinrichtung"
die Kinder am besten auf den Schulbesuch vorbereitet hat;
- bei der Zusammenarbeit mit unterschiedlichen sozial-psy-
  chologischen bzw. -pädagogischen Institutionen (aus den
  Bereichen der Logopädie, Sprachheiltherapeutik, Ergothera-
  pie, Frühförderung...): Hier wird eine Zusammenarbeit als
  erfolgreich bewertet, wenn die Mitarbeiterinnen aus den
  Kindergärten besondere Maßnahmen auch unterstützen, an
  Arbeitstreffen teilnehmen und durch flankierende Maßnahmen die Kooperation zum Wohle der Entwicklung des Kindes aufrechterhalten;
- beim Einkaufen, beim Marktbesuch, bei der Nutzung des
  Busses/der Bahn, des öffentlichen Spielplatzes oder beim Besuch des Zahnarztes und anderer Einrichtungen: Es wird
  recht genau darauf geachtet, wie sich die Kinder benehmen.
  Dabei wird schnell ein Rückschluß auf die Pädagogik der be-
  treffenden Institution gezogen.

Und letztendlich haben Erzieherinnen selbst die unterschiedlichsten Erwartungen an sich:
- Die einen sehen sich immer wieder veranlaßt, bessere Bedingungen für Kinder und die Pädagogik im Kindergarten anzumahnen, andere wiederum haben den Wunsch, mit (be-
  rufs-)politischen Aktivitäten in Ruhe gelassen zu werden.
- Die einen wollen mit Kindern aktive, lebendige Projekte
  durchführen, andere ziehen es vor, eine Pädagogik umzusetzen, die eher durch Ruhe und Beschaulichkeit geprägt ist.
- Die einen wünschen sich aktive Eltern, die sich gerne in die
  Arbeit einmischen soll(t)en, andere freuen sich darüber,

wenn Eltern sich mit der Praxis zufrieden zeigen und den Kontakt nur sehr sporadisch suchen.

■ Die einen sehen es als ihre Hauptaufgabe an, tragfähige Beziehungen zu Kindern aufzubauen, andere verstehen ihre Tätigkeit mehr als eine inhaltliche Aufgabe, Kinder in ihren Fertigkeiten zu schulen.

■ Die einen wünschen sich die Freiheit für ein sogenanntes nicht-produktorientiertes Arbeiten, andere glauben, durch einen produktorientierten Ansatz die Qualität ihrer Tätigkeit vorzustellen.

■ Die einen versuchen, durch ihr Engagement für Kinder eine indirekte Wertschätzung für ihren Beruf und ihre Anstrengungen zu finden, andere wünschen sich eine Anerkennung im persönlichen und beruflichen Bereich durch das, was sie auch für Eltern (über das Kind) tun: geschmückte Räume, bemalte Fenster, schablonenorientiertes Basteln, gezielte Arbeitsförderung mit den Kindern …

■ Die einen geben sich große Mühe dabei, Kinder mit besonderen Problemen in ihrer Entwicklung zu unterstützen, andere sind davon überzeugt, daß sie selbst nur wenig ausrichten können, zumal aus ihrer Sicht die Hauptaufgabe der besonderen Förderung bei den Eltern selbst bzw. anderen Einrichtungen liegt.

■ Die einen wollen eine Grenze zwischen den Bereichen Beruf und Privatleben ziehen, die anderen lehnen dies mit der Begründung ab, daß Pädagogik und das private Leben nicht teilbar sind.

■ Die einen freuen sich über immer neue Herausforderungen, die sie sich selbst stellen, die anderen sehen Anforderungen mit gemischten Gefühlen entgegen und sind über jeden Tag dankbar, der möglichst ruhig und ohne große Anstrengungen verläuft.

■ Die einen haben den Anspruch, sich immer wieder als Lernende zu begreifen, andere sind fest davon überzeugt, daß sie schon alles Notwendige wissen.

Diese Beispiele sollen die Vielfalt der Erwartungen verdeutlichen, denen sich Erzieherinnen ausgesetzt sehen. Würde an dieser Stelle der Versuch unternommen werden, möglichst alle Erwartungen auf einen Punkt zu bringen, dann könnte das vielleicht wie folgt aussehen: Viele Träger erwarten von den Kindergärten, daß sie ein vorzeigbares, konfliktfreies und möglichst kostenneutrales Aushängeschild der Gemeinde bzw. der Stadt sind. Eltern erwarten häufig von den Mitarbeiterinnen, daß sie quasi als ein verlängerter Arm häuslicher Erziehung eine fordernde, fördernde und ausgleichende Entwicklungsarbeit im elterlichen Verständnis leisten. Kinder erwarten, daß sie einfach „nur" Kinder sein dürfen und keine kleinen, unvollständigen Erwachsenen, und Erzieherinnen erwarten von sich selbst, daß sie möglichst nahezu allen Erwartungen gerecht werden können. Daneben geht es noch um die Pflege der Teamarbeit, den Besuch von Supervisionen, die gemeinsame Erziehung von behinderten und nichtbehinderten Kindern, eine Pädagogik, die die UNO-Charta der Rechte von Kindern berücksichtigt …, und all das mit der Erkenntnis, daß sie im Grunde genommen immer dasselbe tun müssen: Kindern ein gutes Modell sein für ein ausgeglichenes, zufriedenes Leben.

Die Auflistung der Erwartungen macht vieles deutlich und fordert zugleich Konsequenzen ein:

■ Der Anspruch oder die selbstgestellte Aufgabe, alle Erwartungen zu erfüllen, treibt Erzieherinnen in den Prozeß des Ausgebrannt-Seins, weil kein Mensch so viele widersprüchliche Erwartungen vereinen und umsetzen kann.

■ Der Wunsch, die Vielfalt der Erwartungen zu realisieren, führt automatisch dazu, allen Erwartungsträgern etwas entgegenzukommen, aber letztlich nichts qualitativ hochwertig zu leisten. An dieser Stelle würde die Quantität vor der Qualität stehen, eine Tatsache, die jeden Handwerksbetrieb in den Ruin führen würde.

▪ Wenn die Arbeit darauf ausgerichtet ist, möglichst allen Erwartungen entgegenzukommen, verlieren Erzieherinnen sehr schnell den Blick für wesentliche Dinge. Dieser Verlust führt automatisch zu beruflichen und persönlichen Identitätskrisen.

▪ Die Absicht, möglichst alle Erwartungen in der Arbeit zu vereinen, würde unweigerlich dazu beitragen, daß die Elementarpädagogik kein eigenständiges Profil entwickeln könnte. Eine Ausrichtung nach allen Seiten ließe sie in einen blinden Aktionismus fallen, der Kinder, Eltern und letztlich auch die Mitarbeiterinnen selbst in eine Unzufriedenheit treibt.

▪ Eine Berücksichtigung aller Erwartungen führt dazu, daß sich Erzieherinnen in eine Abhängigkeit begeben, aus der mit der Zeit kein Entrinnen mehr möglich ist. Hat sich erst einmal das Muster eingespielt, die Praxis nach Erwartungen zu gestalten, käme immer dann Unzufriedenheit auf seiten der Erwartungsträger auf, wenn ein erwartungswidriges Verhalten gezeigt würde. Dadurch wären Beziehungsschwierigkeiten vorprogrammiert.

Interessen- und Erwartungskonflikte sind in der Pädagogik sicherlich etwas ganz Normales. Das war in der Vergangenheit und Geschichte der Pädagogik ebenso ein Bestandteil unzähliger Auseinandersetzungen, wie es dies auch in der Zukunft sein wird. Daher ist es immer hilfreich, wenn Erwartungen von unterschiedlichen Seiten miteinander ausgetauscht und verglichen werden, um auf einer inhaltlichen Ebene eine Entscheidung herbeizuführen. Gelingt dies nicht, bleiben Macht- und Beziehungskämpfe nicht aus. Dann stehen nur noch Abwägun-

gen mit den Fragen im Vordergrund, was „richtig" und „falsch",
„gut" oder schlecht", „klug" oder „dumm" bzw. „angebracht"
oder „überflüssig" ist.

Entscheidungen im Hinblick auf eine professionelle Elementarpädagogik richten sich nach folgenden Kriterien aus:
- den Inhalten des Kinder- und Jugendhilfegesetzes (KJHG);
- den Ausführungen der Kindertagesstättengesetze (diese werden auf Länderebene beschlossen);
- den Richtlinien für die Arbeit in Kindertagesstätten, die von den Bundes- und Landesverbänden der freien Wohlfahrtsverbände erarbeitet und veröffentlicht wurden;
- den „Daten heutiger Kindheiten" als Grundlage für eine zeitgemäße Pädagogik;
- den besonderen Erfordernissen des jeweiligen Kindergartens unter Berücksichtigung der biographischen Lebensdaten der Kinder, des Wohnumfeldes und der spezifischen Bedingungen vor Ort;
- den Ausführungen und Erklärungen der UNO-Charta „Rechte des Kindes".

Und schließlich sind es die Mitarbeiterinnen selbst mit ihrer personalen (= persönlichen) und fachlichen Kompetenz, die in Kenntnis dieser Fakten und in einer inhaltlichen Auseinandersetzung ihre Entscheidungen für eine professionell gestaltete Pädagogik treffen. Dabei kann es nicht darum gehen,
- wer zu was Lust hat,
- wer vielleicht einen bestimmten Schwerpunkt umsetzen möchte,
- wer eine Meinung vertritt und daran festhält,
- ob überhaupt eine Auseinandersetzung stattfinden sollte oder
- wie möglicherweise die praktische Arbeit veränderbar sein könnte.

Tatsache ist, daß sich die Elementarpädagogik nur dadurch zu einem eigenständigen Bereich entwickeln kann, wenn die Mitarbeiterinnen bestehende Grundlagen kennen und dabei ihre Entscheidungen darauf aufbauen. Kinder haben ein Entwicklungsrecht, und die Erzieherinnen haben die Aufgabe, für eine fachgerechte Umsetzung der Pädagogik zu sorgen, damit Kinder (und Eltern) die Kindertagesstätten als einen Ort der Wachstumsprozesse erfahren können. Würden Erzieherinnen ihre Arbeitsschwerpunkte und Tätigkeitsfelder lediglich danach ausrichten, was ihnen selbst Freude macht oder was sie glauben (!), was für Kinder hilfreich sei, dann hätten wir eine Pädagogik, die nach dem Lustprinzip oder der pädagogischen Annahme gestaltet wäre. Damit käme die Person der Erzieherin in den Mittelpunkt der Arbeit und nicht das Kind. Es gibt eine Reihe von Kindergärten, die diese Sichtweise pflegen. Dabei wird offensichtlich die Gefahr übersehen, daß Professionalität auf diese Weise verkümmert.

Die Person der Erzieherin ist daher der Ausgangspunkt (nicht Mittelpunkt) für die Gestaltung dieser schwierigen Tätigkeit, auf der einen Seite Kinder in ihren Entwicklungsbedürfnissen aktiv zu unterstützen bzw. zu begleiten, auf der anderen Seite ist es ihre Aufgabe, Entscheidungen zu fällen, wie genau dieser Anspruch umzusetzen ist. Dabei ist es hilfreich, zunächst sein eigenes Rollenverständnis für sich und im Kolleginnenkreis zu klären. Die Frage lautet also: Was will ich sein,
- eine kritische Erzieherin oder eine unkritische Mitläuferin;
- eine politisch-wachsame Erzieherin oder eine unpolitische Ja-Sagerin;
- eine aktive, neugierige Erzieherin oder eine passive, abwartende Mitarbeiterin;
- eine wachsame Erzieherin oder eine zufriedene, die Augen häufig verschließende Kollegin;

– eine ganzheitliche Person mit eigenen Gefühlen, einer aufgeschlossenen Gedankenwelt und einer stabilen Körperidentität oder eine Mitarbeiterin, die sich je nach persönlicher Befindlichkeit mit den entsprechenden Persönlichkeitsanteilen nur halbherzig auf entsprechende Situationen einläßt;
– eine Erzieherin mit klaren Standpunkten oder eine Person mit unklaren Ausdrucksformen?

Das bedeutet, gerade weil die Erwartungen so unterschiedlich sind und auch in Zukunft sein werden und immer im Widerspruch zueinander stehen, muß es genau um diese Auseinandersetzung mit dem eigenen Rollenverständnis gehen. Sonst werden traditionell geprägte Sichtweisen unreflektiert übernommen bzw. Entscheidungen auf einer Grundlage gefällt, die weder den Entwicklungen von Kindern noch dem eigenen Berufsbild oder dem Profil der Einrichtung dienen.

Eine professionelle Pädagogik kann und wird nur dort gelingen, wo Erzieherinnen intensiv an ihrem eigenen Rollenbild arbeiten, sich motiviert an neue Aufgabenstellungen heranwagen und sich selbständig auf die Suche nach Antworten begeben. Eine Entscheidungskompetenz wird immer an den Stellen gezeigt werden können, wo
– klare Entscheidungen getroffen,
– Aussagen in eindeutigen Formulierungen gefaßt,
– neue Gedanken zugelassen,
– persönliche Unzulänglichkeiten in Lernaufforderungen verändert,
– inhaltliche Schwerpunkte reflektiert,
– Sachfragen und keine Beziehungsaspekte immer wieder aufs neue diskutiert,
– Absprachen zuverlässig eingehalten und
– Arbeitsvorhaben überprüft werden.

Es bietet sich an, die vielfältigen Erwartungen einmal aufzulisten und dahingehend zu differenzieren, welche Erwartungen auf der Grundlage einer professionell gestalteten Elementarpädagogik berechtigt sind und daher von den einzelnen Mitarbeiterinnen erfüllt werden müssen und welche nicht. Die folgende Liste wird dabei helfen können, diese Arbeit strukturiert durchzuführen. Das „Erwartungsprofil" kann entweder in einer Individualarbeit oder in der Gesamtgruppe ausgefüllt werden.

Erwartungsprofil

Erwartungen der Kinder (bzw. der Eltern, des Trägers, des Teams etc.)	
berechtigt, erfüllbar	unberechtigt, nicht erfüllbar
•	
•	
•	
•	
•	
•	
•	
•	

Nach dem sorgsamen Ausfüllen der Liste haben alle Mitarbeiterinnen die Möglichkeit, die Erwartungen, die an sie gerichtet wurden oder die sie vermuten, vorzustellen und mit entsprechenden Begründungen (!) darzulegen. Auf diese Weise können die unterschiedlichen Ausführungen in der Mitarbeiterinnengruppe diskutiert werden.

Hilfreich ist beispielsweise auch der Arbeitsschritt, die berechtigten und unberechtigten, erfüllbaren und unerfüllbaren Erwartungen mit den Eltern, dem Träger zu erörtern, um eigene

Entscheidungen für bzw. gegen die Erfüllung von Erwartungen transparent zu machen. Auf diese Weise fühlen sich die Mitarbeiterinnen gleichzeitig verpflichtet, einerseits ihre Beschlüsse inhaltlich zu belegen, andererseits ihre Professionalität nach außen zu tragen. Dadurch können langanhaltende Irritationen auf der Beziehungsebene verändert bzw. im vorhinein ausgeschlossen werden, weil jeder weiß, woran er ist.

Denkbar ist sicherlich auch der Weg, einen „Erwartungselternabend" durchzuführen. Dabei können Eltern ihre Wünsche und Vorstellungen zur Kindergartenarbeit äußern. Diese werden auf einem großen Blatt Papier schriftlich fixiert und anschließend diskutiert. Sie haben bei einer solchen Veranstaltung auch die Möglichkeit, Ihre Erwartungen an die Eltern zu formulieren. Sie geben damit den Weg für eine offene, inhaltlich klare und strukturierte Auseinandersetzung frei.

2.1.2 Konfliktkompetenz

Die Mitarbeiterinnen vieler Kindertagesstätten wurden bei Fortbildungsveranstaltungen einmal darum gebeten, den Anfang eines Satzes fortzuführen. Er begann mit den Worten:
Ein Konflikt ist wie …
Dabei ergaben sich folgende Ergänzungen:
… ein massiver Widerspruch zwischen dem, was jemand möchte, und dem, was er wirklich tut;
… ein riesiger Irrgarten, in den man einmal hineingegangen ist und aus dem man anschließend trotz größter Anstrengung nicht mehr (alleine) herausfindet;
… ein Donnerschlag, mit dem du gar nicht rechnest. Erst ziehen dunkle Wolken auf, dann beginnt der Sturm, und schließlich durchzucken grelle Blitze den ganzen Raum um dich herum;

... wie ein Autostau – du stehst auf der Stelle und kommst nicht weiter. Du kannst zwar auf die Hupe drücken, lauthals deinem Ärger freien Lauf lassen und schimpfen, soviel du willst. Es ändert nichts daran, daß du nicht vorankommst;

... eine Wanderung in den Bergen. Kaum kommst du um die Ecke einer Anhöhe, stehst du wieder vor einem neuen Hindernis. Und immer hast du dabei einen Berg vor dir, den du erklimmen willst. Trotz ständiger Bewegung hast du den Eindruck, daß der Gipfel unerreichbar ist, und der Weg kommt dir endlos vor;

... ein Spaziergang durch einen dunklen Wald. Überall sind Geräusche zu hören, irgendwo knackt es immer, und du weißt nicht, was dir in der Dunkelheit alles begegnen wird;

... eine rasante Abfahrt auf Skiern. Bist du einmal in Fahrt, kannst du dein Tempo nur noch sehr schwer verringern. Deine ganze Konzentration richtest du dabei nur auf das eine Ziel, möglichst schnell und mit heiler Haut unten anzukommen;

... der ständige Wechsel von Ebbe und Flut. Mal hast du festen Boden unter den Füßen, mal kommst du ins Schwimmen, und dann steigt wiederum das Wasser so schnell und so hoch, daß du Angst haben mußt zu ertrinken;

... ein dramatisches Theaterstück. Irgendwie weißt du nicht, ob du Zuschauer oder Mitspieler bist, weil die Rollen ständig zu wechseln scheinen. Du kriegst natürlich als Zuschauer alles mit und möchtest am liebsten eingreifen. Gleichzeitig kannst du auch nicht auf die Bühne springen und alles durcheinanderbringen.

Bei dieser Aufgabenstellung war es zunächst erstaunlich, daß vor allem Bildvergleiche gebraucht wurden, die eher negative

Situationen beschrieben. So gab es nur wenige Fortsetzungen, die positiv endeten:

… ein guter Feierabend. Du blickst auf den Tag zurück, läßt noch einmal alles Revue passieren und bist innerlich richtig befriedigt in der sicheren Erkenntnis, daß du heute was besonders Wichtiges geschafft hast;

… eine Befreiung aus einem dunklen Keller, in dem du schon einige Zeit gefangen warst;

… ein Strauß bunter Blumen. Sie alle sind in ihrer Unterschiedlichkeit in einer Vase, trinken dasselbe Wasser und blühen gemeinsam auf.

Wo Menschen mit unterschiedlichen Ausbildungen, Lebensgeschichten, Interessen, Absichten und Zielen zusammentreffen, treten unweigerlich immer wieder Konflikte auf. Insoweit können wir festhalten, daß Konflikte

– allgegenwärtig sind, weil unterschiedliche Einschätzungen von Situationen üblich sind;

– die Wirklichkeit widerspiegeln. Es gibt keinen Lebensbereich bzw. keinen Ort, der sich von Konflikten freihalten kann, es sei denn, daß Widersprüche nicht thematisiert werden;

– Reibungspunkte verdeutlichen an den Stellen, an denen Menschen mit ihren Überzeugungen aneinandergeraten und diese offen an- bzw. aussprechen;

– grundsätzlich produktiv nutzbar sind, weil sie eingefahrene Haltungen und Wege verdeutlichen und durch die konstruktive Diskussion erst notwendige Veränderungen ermöglichen;

– immer dann auftreten müssen, wenn Menschen ihre Arbeit oder Einstellung reflektieren und neue, ungewohnte Handlungsschritte ausprobieren;

– zum beruflichen und privaten Leben dazugehören.

Konflikte sind daher nichts Ungewöhnliches; sie stellen weder eine Gefahr für den einzelnen Menschen bzw. die Gruppe noch etwas Krankhaftes dar. Sie bieten die Möglichkeit, sich mit anderen Sichtweisen auseinanderzusetzen und diese mit dem eigenen Können und Wollen zu verbinden. Das „System Kindertagesstätte" ist durch seine Struktur, seine vielfältigen Aufgaben und seine Zusammensetzung ein „Spannungsfeld per se". Es gibt Mitarbeiterinnen, die das nicht wahrhaben möchten oder leugnen, die einen Ort der Harmonie suchen und vieles (alles?) daran setzen, daß Konflikte nicht zum Ausdruck kommen. Die Illusion einer „konfliktfreien Institution" würde die Realität der Unterschiedlichkeit der Menschen auf den Kopf stellen und einer lebendigen Pädagogik den Boden unter den Füßen entziehen. Gleichzeitig käme es zu keiner Entwicklung der Pädagogik, weil in diesem Fall tradierte Werte und übliche Regelungen die Oberhand behielten. Doch trotz dieser basalen Erkenntnis ist in vielen Kindertagesstätten ein eigenartiges Phänomen festzustellen: Die Mitarbeiterinnen tragen Konflikte und Probleme häufig entweder gar nicht oder nur sehr vorsichtig aus, so als ob Konflikte etwas in sich bergen könnten, was grundsätzlich unberechenbar, gefährlich oder sogar explosiv ist. Anders ist es nicht zu erklären, wenn Erzieherinnen beispielsweise auf die Frage nach Konflikten in ihrer Arbeitsgruppe u. a. folgendes antworten:

- „Bei unserer pädagogischen Arbeit kommt es darauf an, daß Konflikte möglichst außen vor bleiben. Unsere Kinder würden sehr schnell merken, daß es Spannungen in unserem Team gibt. Und das würde sich hinderlich auf die Entwicklung der einzelnen Kinder auswirken. So stellt sich jeder auf den anderen ein, weiß ihn zu nehmen und akzeptiert die andere Person mit ihren Stärken und Schwächen."

- „In unserem Team gibt es kaum Konflikte. Wir verstehen uns gut, und die Arbeit klappt."

■ „Natürlich gibt es mal das eine oder andere Problem, doch wir sind erstaunt, wie sich manches auch ganz von alleine löst. Es ist eine Frage der Akzeptanz unserer Unterschiedlichkeit, und wo diese gegeben ist, klappt es auch ohne großartige Diskussionen oder Supervision."

■ „Ab und zu gibt es schon Meinungsunterschiede, doch die können wir immer ganz schnell klären, weil Kompromisse gesucht und angestrebt werden."

■ „Wirkliche Konflikte gibt es bei uns nicht – wir sind ein Team. Wir kennen uns schon sehr lange, sind aufeinander eingespielt, und jeder weiß, was er vom anderen erwarten kann bzw. was wir voneinander zu halten haben."

Die Aufzählung solcher Aussagen (Ergebnisse einer Befragung) könnten ohne Ende fortgesetzt werden, wobei auffällig ist, daß der größte Anteil der befragten Personen versicherte, daß Konflikte untereinander „eigentlich" kein Problem seien. Gleichzeitig versuchten einige der befragten Mitarbeiterinnen sich den Umstand zu erklären, daß sie über diese Frage selbst überrascht seien. Gab es vielleicht einen aktuellen Anlaß, diese Frage zu stellen? Hatte sich vielleicht ein benachbarter Kindergarten dazu geäußert? Hatten sich vielleicht bestimmte Eltern beschwert und es selbst nicht gewagt, an die Mitarbeiterinnen des Kindergartens heranzutreten?

Kindertagesstätten stehen in einer engen Beziehung zu gesellschaftlichen, (sozial-)politischen, ökologischen, technologischen und institutionellen Bedingungen – direkt und vor Ort. Ansprüche von Eltern, besondere Lebensbedingungen, Trägererwartungen, finanzielle Rahmenwerte, der kindergartenspezifische Erziehungs-, Bildungs- und Betreuungsauftrag, der dem Kindergarten durch die Öffentlichkeit zugewiesene Stellenwert, Besonderheiten des Einzugsbereichs und individuelle Lebenserfahrungen der Eltern und ihrer Kinder treffen mit der Situation des Kindergartens, seiner Ausstattung, der besonderen Personalbesetzung und den ganz unterschiedlichen Persönlichkeitsmerkmalen der Mitarbeiterinnen zusammen. Mit anderen Worten: Einflüsse von außen mit ihren besonderen Spannungsfeldern für Eltern und Kinder stoßen auf Mitarbeiterinnen, die wiederum selbst in Spannungen stehen, sei es im persönlichen oder beruflichen Bereich. Es bleibt nicht aus, daß Spannungen zu Problemen führen und sich diese zu Konflikten weiterentwickeln können.

Es ist sicherlich nicht richtig, wenn versucht würde, einen bestimmten Konflikt auf nur einen alleinigen Grund zurückzuführen. Dies würde eine verkürzte, eindimensionale Sicht von Konflikten darstellen. Ursachen und Auslöser eines Konflikts ergeben sich immer aus einem Zusammenspiel mehrerer Punkte, etwa den persönlichen Merkmalen eines Menschen *und* bestimmten Bedingungen in einer Einrichtung, die gleichfalls als ein organisatorisches System mit seinen spezifischen Einflüssen betrachtet werden müssen. Allerdings sind die Personen selbst wiederum in einem entscheidenden Maße dafür verantwortlich, wie ein Konflikt wahrgenommen, aufgegriffen und gelöst werden soll.

Bevor Sie sich daran begeben möchten, Konflikte zu lösen, ist es ratsam, zunächst selbst – für sich in einer intensiven Eigenarbeit – eine Bestandsaufnahme unter dem Aspekt der persönlichen Betroffenheit vorzunehmen. Dabei können folgende Fragen hilfreich sein:

- Was belastet mich?
- Was macht mir wirklich Angst?
- Was lähmt mich bei der Arbeit bzw. in den Beziehungen?
- Was hemmt mich, so zu sein, wie ich eigentlich bin?
- Was macht mich wütend?
- Was nervt mich regelmäßig oder sporadisch?

- Worunter leide ich?
- Womit komme ich gar nicht zurecht?
- Wodurch fühle ich mich wirklich überfordert?
- Wodurch kann ich mich nicht so entwickeln, wie ich es mir wünsche?
- Wodurch werde ich von dem abgehalten, was ich prinzipiell machen möchte und für notwendig ansehe?
- Wer oder was blockt mein persönliches bzw. berufliches Weiterkommen?

Um eine vollständige Bestandsaufnahme der Gefühle zu machen, können selbstverständlich auch positive Merkmale gesammelt und in einer Übersicht dagegengehalten werden:

- Was kann ich wirklich von meinen Ansprüchen, Erwartungen und eigenen Ideen verwirklichen?
- Was empfinde ich als besonders sinnvoll?
- Was bereitet mir Spaß und Freude?
- Was führt zu meiner Zufriedenheit?
- Was läßt mich ruhig und entspannt sein?
- Was trägt zu meiner tiefen Ausgeglichenheit bei?

Bei dem Versuch einer Analyse von bestimmten Problembereichen ist es von hohem Wert, möglichst präzise und anhand praktischer Beispiele aus der (un-)mittelbaren Vergangenheit die Konfliktmerkmale zu beschreiben. Dabei sollte zunächst keine „Schuldzuschreibung" in irgendeiner Art und Weise vorgenommen werden, geht es doch erst darum, sich mit den eigenen Erlebnissen, Erfahrungen, Eindrücken und Gefühlen zu befassen.

Auch wenn sich Konflikte aus einer Verzahnung sehr unterschiedlicher Gründe und Auslöser ergeben, könnte ein zweiter Schritt darin bestehen, einen Eindruck von sich selbst im Hinblick auf die Einschätzung von Konflikten und auf sein Konfliktverhalten zu bekommen. Im folgenden werden dazu fünf Konfliktfeldbereiche mit entsprechenden Aussagen angeführt. Bei den unterschiedlichen Antworten kommt es darauf an, nur *die* Antwort anzukreuzen, die der eigenen Einschätzung am nahesten kommt bzw. die exakt zutrifft. Wichtig ist nicht eine Antwort, die man sich wünscht oder vorstellen könnte, sondern die, die es für einen persönlich auf den Punkt bringt.

Grundsätzliche Beurteilung von Konflikten:
- Ich bin mir völlig unsicher in der Beurteilung von Konflikten.
- Ich halte sie nicht aus, finde sie angsterregend und vermeide eine Konfrontation nach Möglichkeit.
- Konflikte sind für mich immer mit Streit, Ärger oder Wut verbunden, deshalb hasse ich sie.
- Konflikte bieten immer die Chance, sich persönlich zu öffnen und zu kompromißlosen Entscheidungen zu finden.
- Ich habe gelernt, Konflikte als gegeben zu akzeptieren, auch wenn ich selbst keine Konflikte mag.
- Konflikte sind spannend, lehrreich und voller Lebendigkeit. Es ist gut, daß es sie gibt. Mir macht es Freude, bei Konflikten ordentlich mitzumischen.
- Bei Konflikten würde ich mich am liebsten verkriechen. Sollen sich doch die anderen in die Wolle kriegen.
- Konflikte sind immer ein Gewinn für mich und die Gruppe, in neue Lernprozesse einzutauchen.
- Konflikte halten von der Arbeit ab. Anstatt sich über Probleme zu unterhalten, sollten die Menschen lieber ihre pädagogische Arbeit in den Mittelpunkt ihrer Tätigkeit stellen.

Konfliktreiche Situationen: Sie entstehen dann für mich, wenn
— jemand meine Arbeit kritisiert;
— mir jemand sagt, daß ich mich anders verhalten soll, als ich es bisher getan habe;
— mich jemand bei meinen Arbeitsvorhaben stört und damit meine Ordnung durcheinanderbringt;
— ich mit strikten Verboten, Anweisungen oder alten Regeln konfrontiert werde;
— ich trotz aller Anstrengung bei der Arbeit übersehen werde und kein Lob bekomme;
— ich bestimmte Vorstellungen zur Arbeit nicht umsetzen kann und dabei merke, daß es einen Widerspruch zwischen dem Wollen und Können gibt;
— andere Menschen im Mittelpunkt stehen oder sich in den Mittelpunkt drängen;
— ich zu unangenehmen Punkten Stellung beziehen soll;
— ich zuviele Dinge möglichst gleichzeitig zu erledigen habe.

Meine eigene Reaktion: Meistens verhalte ich mich so, daß ich
— unüberhörbar für alle meinen Ärger rausschreie und eine Auseinandersetzung herbeiführe;
— mich leise zurückziehe und in der sicheren Erkenntnis resigniere, daß ich sowieso nichts ändern kann;
— auf den Konflikt sachlich und klar eingehe, mich offen den anderen zuwende und solange an der Konfliktbearbeitung beteiligt bin, bis der Konflikt gelöst wurde;
— mich redlich um eine Klärung mit allen Beteiligten bemühe;
— zunächst gar nichts sage, in Ruhe und mit einigem Zeitabstand den Konflikt durchdenke und dann in einer Atmosphäre der Entspannung noch einmal von mir aus den Konfliktpunkt thematisiere;

- lieber alles in mich hineinschlucke, als daß ich den anderen die Möglichkeit gebe, auf mir herumzuhacken;
- darauf warte, daß andere die Verantwortung für die Konfliktaussprache übernehmen;
- meine eigenen Vorstellungen überprüfe und dann häufig feststelle, daß tatsächlich die anderen Recht haben;
- Konflikte herunterspiele, um das große Ziel „Harmonie" zu erreichen.

Mögliche Gründe, die für meine Reaktion verantwortlich sind:
- Ich weiß, daß ich meistens recht habe.
- Es wäre für mich unerträglich zu schweigen. Daher spüre ich meine grundsätzliche Mitverantwortung, mich immer aktiv zu beteiligen.
- Mein wirklicher Wunsch ist es, mit möglichst allen gut auszukommen.
- Eine angespannte Atmosphäre ist für mich unerträglich. Meinen Gefühlen muß ich freien Lauf lassen, um nicht irgendwann einmal – vielleicht an einer ganz anderen Stelle – rauszuplatzen.
- Ich habe genügend andere Probleme. Mich hier einzumischen, hieße ganz ehrlich, mich in Konflikten zu verlieren.
- Derjenige, der den Mund aufmacht, wird in den Konflikt miteinbezogen. Das will ich nicht.
- Ich fühle mich für das gesamte Team verantwortlich. Ebenso wie für die Weiterentwicklung der Institution.
- Meine Betroffenheit ist so stark, daß ich gar nicht anders kann, als konstruktiv mitzuarbeiten.

Eine tatsächliche Konfliktbewältigung zeigt sich dadurch, daß
- jeder klipp und klar weiß, woran er ist;
- jeder betroffen ist und nachdenklich wurde;

— nach der Konfliktbearbeitung jeder seines Weges zieht und darauf achtet, daß kein neuer Konflikt ausbricht;
— es keine „Sieger und Verlierer" gibt, sondern alle darum bemüht sind bzw. waren, dem anderen zuzuhören und zu verstehen, worin das Problem lag;
— ich mit einem guten Gefühl aus der Konfliktsituation herausgefunden habe. Wie es den anderen geht, ist sekundär;
— ein Team nicht nur den Konflikt von allen Seiten beleuchtet hat, sondern auch zu einer Lösung bringen konnte;
— eine fachkompetente Person für alle verständlich sagt, wo es langgehen muß;
— die Wertschätzung zueinander gewachsen ist und sich die Atmosphäre deutlich entspannt hat;
— die Beziehungs- von der Inhaltsebene getrennt betrachtet werden konnte und keiner dem anderen böse ist;
— solche Konflikte nicht mehr angesprochen werden, um den Betriebsfrieden nicht erneut zu stören.

Durch den Austausch der eigenen Einschätzung und eine sicherlich spannende Diskussion können Mitarbeiterinnen dazu beitragen, einerseits können sie ihr eigenes Konfliktverhalten besser kennenzulernen, andererseits können sie mehr über die Einschätzung der anderen Kolleginnen in Erfahrung bringen.

Bei einem Konflikt sind grundsätzlich immer zwei Ebenen der Kommunikation beteiligt:
— die Beziehungsebene,
— die Sachebene.

Unbestritten kommt es bei dem Versuch, Konflikte und Probleme, Spannungen und Irritationen zu lösen, dann zu einem Fiasko, wenn ausschließlich auf der Sachebene diskutiert wird, ohne die Beziehung zu den anderen Personen zu beachten. Dasselbe gilt aber auch dann, wenn lediglich die Beziehungsebene die oberste Priorität zugesprochen bekommt und dadurch die Sachebene verdrängt wird. Genauso ungünstig ist ein zu frühes Einlenken innerhalb einer Konfliktbearbeitung, weil es dazu führt, daß Restkonflikte bestehen bleiben und in naher oder ferner Zukunft nicht an Wirksamkeit verlieren. Eine Konfliktvermeidung (aus Angst um das eigene Wohlbefinden) läßt schließlich die große Gefahr einer Konfliktverschärfung entstehen. Bei dem Versuch, bestimmte Konflikte zu erkennen, lassen sich fünf Arten unterscheiden:

— Vermeidung von Konflikten, persönlicher Rückzug, Vermeidung des Positionbeziehens;
— Suche nach Harmonie, Anpassung an gegenwärtige Bedingungen, vorsichtige Klärungsversuche von Uneindeutigkeiten;
— aktive Sorge im Hinblick auf Harmonie, reine Beziehungsorientierung;
— Erzwingen von Ergebnissen, Umsetzung von vielen Versuchen, sich in einem Konflikt zu behaupten;
— Offenlegung von Meinungsunterschieden, eine hohe Sachorientierung bei einer gleichzeitigen Beachtung elementarer Beziehungspflege.

Auch hier bietet sich zum besseren Verständnis eine Übersicht möglicher Antworten an, durch die Sie reflektieren können, welchem Konfliktstil Sie sich selbst bzw. Ihre Kolleginnen zuordnen würden.

Beispiele und Äußerungen zum ersten Konfliktstil:
■ „Da halte ich mich lieber raus."
■ „Eine Diskussion bringt sowieso nichts. In dieser Frage konnten wir uns noch nie einig werden."
■ „Was ich nicht weiß, das macht mich nicht heiß."

- „Sollen sie doch sehen, wie sie damit fertigwerden. Eines ist aber sicher: Da mache ich nicht aktiv mit."
- „Schon wieder diskutieren, mir reicht's. Das ist nichts für mich."
- „Konflikte – nein danke."

Beispiele und Äußerungen zum zweiten Konfliktstil:
- „Na gut, ich bin mit eurer Entscheidung auch einverstanden."
- „Auch wenn ich nicht ganz davon überzeugt bin, stimme ich zu."
- „Um des lieben Friedens willen halte ich mich da raus."
- „Egal wie ihr jetzt entscheidet: Ich bin dafür."
- „Laßt uns endlich zum Ende kommen und schnell abstimmen."
- „Sicherlich ist meine persönliche Meinung gar nicht so wichtig."

Beispiele und Äußerungen zum dritten Konfliktstil:
- „Der Klügere gibt nach."
- „Wir sind doch alle ein Team und sollten uns daher einigen."
- „Niemand hat was davon, wenn wir uns streiten."
- „Laßt uns das Ganze später mal in Ruhe wieder aufgreifen."
- „Das Ergebnis ist doch nicht so wichtig wie unsere Beziehung."
- „Laßt uns mit der Entscheidung erstmal warten und zunächst was Schönes machen."

Beispiele und Äußerungen zum vierten Konfliktstil:
- „Ich werde gegen euch kämpfen, koste es, was es wolle."
- „Ob euch das gefällt oder nicht: Wir machen das jetzt."
- „Laßt die Diskussion sein. Wir wissen alle, worum es nun geht und woher der Wind pfeift."

- „Mein Standpunkt ist von euch zu akzeptieren, weil das die beste Lösung ist."
- „Zeit ist Geld. Deshalb ran an die Arbeit."

Beispiele und Äußerungen zum fünften Konfliktstil:

- „Das Problem liegt klar auf dem Tisch. Es ist wichtig, daß wir es gemeinsam lösen werden."
- „Es ist sicherlich das beste, wenn alle an der Konfliktlösung beteiligt sind."
- „Selbst wenn es einigen weh tut, sollten wir uns den Anforderungen stellen."
- „Meine Erfahrung ist sicherlich nicht die oberste Wahrheit. Dennoch glaube ich, daß sie zur Lösung beitragen wird."
- „Jede Entscheidung ist wieder korrigierbar. Wichtig ist im Augenblick nur, daß eine Entscheidung von uns allen getroffen und gemeinsam getragen wird."

Ungezählte Beobachtungen aus der Praxis zeigen, daß es günstig ist, wenn Sie den Einstellungen und Verhaltensweisen des fünften Konfliktstils nahekommen. Allerdings ist zu bedenken, daß Konflikte dafür sorgen, daß augenblickliche Situationen plötzlich mehrdeutig und möglicherweise unklar werden, weil unterschiedliche Stellungnahmen, Meinungen, Erwartungen und Ansprüche zum Ausdruck kommen. Es kann passieren, daß dadurch Arbeitsabläufe für kurze Zeit unterbrochen werden, Beziehungen einer Belastungsprobe ausgesetzt sind und sich eingespielte Beziehungsstrukturen verändern. Wer dieses Risiko eingeht, wird Konflikte lösen können, womit gleichzeitig bisher konfliktgebundene Kraft freigesetzt wird.

Es gibt eine Reihe destruktiver Verhaltensweisen, die einen Konflikt begründen, aufrechterhalten oder verstärken. Um einen solchen Konfliktaufbau zu vermeiden, sollte in jedem Fall auf folgende Verhaltensmerkmale verzichtet werden:

- Emotionalisierung der Situation durch aggressives Verhalten: Beleidigungen oder Beschimpfungen lassen Konflikte schnell unlösbar werden;
- Vermeidungsverhalten und Rückzug: Wer Konflikten ausweicht und sich ihnen nicht stellt, hemmt immer den Vorgang einer angedachten Konfliktlösung;
- Flucht in die Negation: Wenn alle Vorschläge nur negativ bewertet werden und eigene bittere Erfahrungen zum Ausgangspunkt jeglicher Konfliktlösungsvorschläge erklärt werden, entsteht eine Atmosphäre des Mißtrauens und der Ablehnung untereinander;
- Zerreden von Inhalten: Wenn letztlich jeder Konfliktpunkt bis ins kleinste Detail analysiert wird und immer wieder die Ausgangspunkte in Frage gestellt werden, kann es zu keiner konstruktiven Problemlösung kommen;
- direktive, vorgesetzte Lösungen: Sie tragen dazu bei, daß sich in der Gruppe der Mitarbeiterinnen ein Machtgefälle aufbaut und die Mitarbeiterinnenschaft sich schließlich in mindestens zwei Untergruppen aufteilt – in diejenige, die die Macht besitzt, Dinge vorzugeben, und diejenige Gruppe, die für die Ausführung verantwortlich zu sein hat;
- wilde Streitereien: Wo hemmungslos und lauthals gegenseitige Angriffe vorgenommen werden, geht es prinzipiell nur um eine Profilierung der Personen selbst. Inhalte sind dann nur zweitrangig;
- Flucht in Krankheit: Der Rückzug „mit dem gelben Schein" läßt ebensowenig konstruktive Konfliktlösungen wie notwendige Auseinandersetzungen zu.

Dagegen gibt es Merkmale einer Konfliktkompetenz, die jedwede Art von Konflikten lösen helfen:

- Konflikte werden offen, direkt und klar angesprochen, ohne einen Konfliktstoff zu verharmlosen oder aus Rücksicht auf bestimmte Personen besonders vorsichtig zu formulieren.
- Konflikte werden möglichst schnell thematisiert. Wird ein Konflikt zu lange aufgeschoben, fehlt häufig der direkte Bezug.
- Konflikte können nur dann gelöst werden, wenn alle Beteiligten in einem gemeinsamen Konfliktlösungsgespräch Stellung beziehen.
- Konflikte müssen in der Vernetzung aller Faktoren betrachtet werden, weil es *nie* nur *einen* Grund, einen „Schuldigen" gibt.
- Es ist notwendig, die Motive und Absichten der Konfliktpartner zu verstehen, um selbst zu begreifen, was genau hinter dem Konfliktverhalten steht (verstehen heißt nicht akzeptieren!).
- Konflikte können nur zu einer für alle befriedigenden Lösung gebracht werden, wenn keine „faulen", „halbherzigen" Kompromisse akzeptiert, sondern für alle akzeptable Strategien wirklich mitgetragen werden.
- Konflikte sind lösbar, wenn es nicht um „Sieger" und „Verlierer" geht. Der bewußte Verzicht auf Machtpositionen läßt inhaltliche Klärungen und Orientierungen zu.
- Die Konfliktpartner müssen alle dieselben Informationen haben, um auf der Basis einer gleichen Voraussetzung zu diskutieren.
- Gefühle müssen ausgesprochen bzw. ausgedrückt werden, allerdings als Selbstoffenbarung und Ich-Formulierung.
- Konflikte sind zielgerichtet zu lösen. Wenn neue Problembereiche hinzukommen und keine Begrenzung dieses Konflikts beachtet wird, kann es schnell passieren, daß zum Schluß niemand mehr weiß, worum es „eigentlich" ging.

■ Konfliktlösungen dienen der Arbeit, der Atmosphäre, der Weiterentwicklung der Einrichtung und dem persönlichen Wohlbefinden. Insofern stehen zunächst inhaltliche Aspekte deutlich im Vordergrund.

Je klarer ein Konflikt erkannt, je genauer er beschrieben und je deutlicher er mit allen Beteiligten bearbeitet wird, desto eher wird eine brauchbare Lösung gefunden.

Konfliktlösungen setzen ein ganzheitliches Problemverständnis voraus und machen daher ein systematisches Vorgehen nötig. In der Praxis hat sich ein acht-Stufen-Modell als besonders hilfreich erwiesen.

I. Stufe: Konfliktnennung
Welcher Konflikt soll angesprochen werden?

II. Stufe: Konfliktbeschreibung
Worin besteht der Konflikt genau?
Läßt er sich von anderen Konflikten abgrenzen?
Welche Merkmale umfaßt der Konflikt?
Wer und/oder was ist von dem Konflikt betroffen?
Wie wirkt sich der Konflikt aus?

III. Stufe: Konfliktanalyse
Wie lange besteht der Konflikt?
Wodurch kann der Konflikt entstanden sein?
Kann es weitere Ursachen geben?
Mit welchen Bereichen steht der Konflikt in Wechselwirkung?
Wie hängen die unterschiedlichen Ursachen zusammen?
Für wen ist der Konflikt besonders belastend?

IV. Stufe: Zielbestimmung

Was soll genau erreicht werden?

Ist das Ziel realistisch?

Gibt es zunächst untergeordnete Teilziele?

Was genau soll sich an der bestehenden Situation ändern?

Entsprechen die Ziele den inhaltlichen Grundlagen der Konzeption?

Ist das Ziel genau formuliert bzw. definiert?

V. Stufe: Lösungsmöglichkeiten

Welche unterschiedlichen (!) Lösungsmöglichkeiten bieten sich an?

Gibt es weitere Lösungsmöglichkeiten?

Wie stehen die einzelnen Mitarbeiterinnen dazu?

Welche Konsequenzen hätten die Lösungsmöglichkeiten?

Lassen sich unterschiedliche Lösungsmöglichkeiten für diesen Konflikt kombinieren?

VI. Stufe: Konfliktlösungsdurchführung

Was ist für die Durchführung im einzelnen zu planen?

Wer übernimmt bis wann (mit wem) was?

Wann wird eine Zwischenbilanz vorgenommen?

VII. Stufe: Beurteilung der Konfliktlösung

Konnte das Ziel erreicht werden?

Muß die Konfliktlösung nachgebessert werden?

Wenn ja, durch was bzw. durch wen und wie?

Hat sich die Konfliktsituation tatsächlich entspannt?

VIII. Stufe: Auswertung

Hat sich diese Konfliktlösung bewährt?

Was können wir insgesamt daraus lernen?

Was sollte bei ähnlichen Konflikten bzw. Konfliktlösungen das nächste Mal anders gemacht werden?
Gibt es einen neuen Konflikt?

Konfliktkompetenz umfaßt die Fähigkeiten und Fertigkeiten, Konflikte und Probleme sehr strukturiert aufzugreifen und all das zu nutzen, was Konflikte in sich bergen:
- die Chance zum inneren Wachstum;
- die Möglichkeit, sich selbst zu entwickeln;
- die Herausforderung, ein gutes Modell für Kinder und Erwachsene zu sein;
- sich selbst sowie der Einrichtung ein deutliches Profil zu geben.

2.1.3 Zivilcourage

Zunächst sollen an dieser Stelle einige Beispiele vorgestellt werden, bei denen Erzieherinnen Zivilcourage gezeigt haben:

Katrin ist vier Jahre alt und besucht seit einem Jahr den Kindergarten. Ihre Lieblingsbeschäftigung besteht darin, sich jeden Tag über eine längere Zeit mit Malpapier und Stiften zurückzuziehen und ihre Bilder zu malen. Nach „getaner Arbeit" geht sie dann zu „ihrer" Erzieherin, legt ihr die sorgsam gemalten Zeichnungen vor und erzählt dazu ihre Geschichten. Auf die Frage der Erzieherin, ob ihre Bilder in ihr Eigentumsfach gelegt werden sollen, verneint Katrin dieses Ansinnen vehement und macht deutlich, daß sie diese immer den Eltern schenken wolle. Nach wenigen Wochen fällt der Erzieherin auf, daß Katrin traurig wirkt. Ihre Bilder bringt sie still und heimlich in ihr Eigentumsfach. Sie beteiligt sich kaum an den Gruppenaktivitäten, sondern steht viel in den Ecken des Gruppenraums und schaut den anderen Kindern bei ihren Aktionen zu. Die Erzieherin ist irritiert: So kennt sie Katrin gar nicht, und außerdem scheint die Traurigkeit des Kindes immer ausgeprägter zu werden.

Eines Tages beobachtet sie das Mädchen, wie es beim Abholen durch den Vater noch einmal zu seiner Bildersammlung geht, eines der Bilder heraussucht und offensichtlich dem Vater überreichen möchte. Die Erzieherin sieht darin eine gute Möglichkeit, mit Katrins Vater über die für sie unerklärliche Veränderung zu sprechen. Als die Erzieherin in die Nähe der beiden kommt, sieht und hört sie gerade noch folgendes: Der Vater hält Katrins Bild in den Händen, betrachtet es kurz und knüllt es dann zusammen, steckt es in seine Manteltasche und meint: „Du hast auch schon mal besser gemalt."

Die Erzieherin ist fast sprachlos. Ruhig, aber bestimmt geht sie auf die beiden zu. Erst hockt sie sich hin, so daß sie in Katrins Augenhöhe ist und sagt: „Das ist bestimmt traurig für dich. Da malst du ein Bild für Papa, und der knüllt es einfach zusammen. Ich weiß gar nicht, was ich sagen soll." Dann steht sie auf und meint zu Katrins Vater: „Herr P., das tut Ihrer Tochter bestimmt sehr weh. Sicherlich wollte Katrin Sie mit diesem selbstgemalten Bild erfreuen. Statt dessen mißachten Sie sowohl ihre Absicht als auch ihre Gefühle. So empfindet sich jedes Kind als wertlos, vielleicht sogar als Person weggeworfen. Mein fester Wunsch ist es, mit Ihnen noch einmal ohne Katrin darüber zu sprechen. Wann paßt es Ihnen in dieser Woche?"

Die Fernsehserie „Monitor" suchte vor einiger Zeit Kindergärten, in denen „Gewalt unter Kindern" ein Thema war. Hintergrund dieses Fernsehbeitrages war die Feststellung, daß Kinder in immer jüngerem Alter durch besonders aggressives Verhalten auffallen und der Versuch unternommen werden sollte, mögliche Hintergründe und dokumentarische Beiträge für eine Sendung zusammenzustellen. So wurden Anfragen gestartet, doch viele Kindergärten verweigerten die Mitarbeit. Dazu wurden folgende Gründe genannt:

– „Natürlich gibt es auch in unserem Kindergarten Gewalt unter Kindern. Doch wenn wir hier ein Fernsehteam Aufnahmen machen lassen, dann bekommen wir sicherlich Ärger mit bestimmten Eltern."

– „Aggression und Gewalt können wir auch bei uns in der Einrichtung beobachten. Wir sehen es aber nicht ein, daß gerade bei uns Aufnahmen gemacht werden. Dafür gibt es sicherlich noch unzählige andere Kindergärten, in denen dieses Phänomen weitaus stärker ausgeprägt ist."

– „Wir finden es grundsätzlich gut, daß ein Beitrag in dieser beachtenswerten Serie ausgestrahlt werden soll. Doch was meinen Sie, was passierte, wenn unser Kindergarten erkannt, geschweige denn mit Ortsangabe genannt werden würde. Dann hieße es doch gleich: Das ist dieser Brutalo-Kindergarten, wo es nur gewalttätig und aggressiv zugeht. Dann können wir den Laden schließen."

– „Wenn Erzieherinnen mit diesen aggressiven Kindern nicht fertig werden, liegt es doch einzig und alleine an den Eltern. Wir können nicht das wiedergutmachen, was in den Familien zu Hause falsch läuft. Besser wäre es, wenn man in den Elternhäusern Filmaufnahmen machte und das Übel bei der Wurzel packte. Der Kindergarten ist dafür der falsche Platz."

Schließlich stellte eine Kindergartenleiterin „ihren" Kindergarten als Aufnahmeort zur Verfügung. Selbstverständlich wurden im Vorfeld die Eltern persönlich gefragt. Mit ihrer zusätzlichen Unterschrift gaben sie ihre schriftliche Einverständniserklärung. Auch die Kinder wurden in einer Kinderkonferenz über das Vorhaben informiert und ebenfalls gefragt. Zwei Kinder wollten nicht mitmachen. Das wurde ohne Nachfragen akzeptiert. Und schließlich wurde der Träger des Kindergartens über das Vorhaben informiert. Durch diese vielen und engagierten Einzelschritte der Leiterin kam es schließlich zu den Aufnahmen und der Ausstrahlung des Beitrages. Ein fachkompetentes Statement der Leiterin rundete die Aufnahmen ab.

In einem norddeutschen Kindergarten wurde die Arbeit für die Leiterin und eine ebenfalls dort beschäftigte Erzieherin immer mehr zur Qual. Hintergrund dafür war die Tatsache, daß die Leiterin zusammen mit einer Erzieherin eine gemeinsame Wohnung teilte. Zum einen war es in der Stadt schwierig, eine gute, bezahlbare Wohnung zu finden, zum anderen verstanden sich die beiden Erzieherinnen sehr gut und pflegten eine tiefe Freundschaft. Nun kam es dazu, daß im Hochsommer einige Kinder beim Wasserplanschen ihre Kleidung auszogen und unbekleidet die herrliche Abkühlung im Wasser genossen. Das mißfiel manchen Eltern, und sie beschwerten sich über diese Freizügigkeit in der Einrichtung. Gleichzeitig fragten sie ihre Kinder, ob sie das freiwillig getan hätten oder vielleicht dazu aufgefordert worden seien. Innerhalb kurzer Zeit behielten die meisten Kinder trotz heißer Außentemperaturen ihre Kleidung an, und auf Nachfragen, warum sie das täten, antworteten sie: „Unsere Eltern sagen, wir dürfen das nicht. Vielleicht bist du ja schwul."
Die beiden Erzieherinnen konnten es nicht fassen. Nicht nur, daß manchen Kindern etwas sehr Natürliches verboten wurde, sich nämlich unbekleidet – ganz nach Herzenslust – im Wasserbecken aufzuhalten, sondern auch die Tatsache, daß einige Eltern durch das Zusammenwohnen zweier Erzieherinnen bestimmte Vermutungen hatten und es den Kindern weitersagten, brachte zusätzlichen Unmut auf. Ja, selbst bei regionalen Erzieherinnentreffen wandten sich Kolleginnen aus anderen Kindergärten von ihnen ab. Darauf angesprochen, meinten sie nur: „Man hört ja so einiges." Die beiden Erzieherinnen wollten das

Ganze nicht auf sich beruhen lassen: Sie beriefen eine Elternversammlung ein und setzten ihre Erfahrungen und Erlebnisse als ersten und einzigen Tagesordnungspunkt fest. Sie wollten sich nicht damit abfinden, daß Vorurteile als riesige „Gerüchteküche" durch die Stadt zogen; sie fühlten sich in ihrer persönlichen Ehre angegriffen und in ihrer fachlichen Kompetenz beschnitten. Zu dieser Elternversammlung luden sie auch Vertreter der örtlichen Presse ein wie auch einen Trägervertreter, um eine für sie unerträgliche Situation inhaltlich zu klären. Sie wußten, daß sie keinen Grund hatten, sich zu verstecken oder für irgend etwas schuldig zu fühlen. Ihnen kam es darauf an, öffentlich Stellung zu nehmen und Irritationen aufzuheben, was ihnen bei diesem Treffen mit Eltern auch gut gelang.

„Das Vernünftige bricht sich nicht von selbst die Bahn,
sondern es setzt sich nur soviel Vernunft durch,
wie die Vernünftigen durchsetzen."

(Bertold Brecht)

Diese kurzen Beispiele machen vor allem eines deutlich: Die jeweiligen Erzieherinnen
- blieben sich selbst und ihren Überzeugungen treu;
- hatten eine feste Überzeugung von der Richtigkeit ihrer Beobachtungen;
- taten öffentlich ihre Meinung kund und gingen das Risiko ein, Nachteile für sich persönlich hinnehmen zu müssen;
- behielten ihre Überzeugungen nicht für sich, sondern suchten die jeweils betreffende Öffentlichkeit;
- traten aus ihrem Schatten heraus und äußerten sich ehrlich über das, was sie fühlten und dachten;
- waren überzeugt von der moralischen Notwendigkeit, Bündnispartnerinnen für andere und sich selbst zu sein;

- trauten sich zu, eine Situation deutlich anzusprechen, mit Mut und Sachverstand;
- spürten zwar eigene Unsicherheiten und Ängste, konnten diese aber annehmen und in Handlungen umsetzen, anstatt sich von Ängsten lähmen zu lassen;
- gingen in keinem Fall einen „Beziehungskrieg" mit anderen Menschen ein, sondern waren in den Auseinandersetzungen sehr bemüht, eine problematische Situation inhaltlich und argumentativ zu klären.

Es gibt im Alltag Hunderte von Situationen, in denen Dinge passieren, die nicht geschehen dürften, sei es, daß Menschen wegen ihrer Hautfarbe oder Herkunft gedemütigt werden, daß Mißstände offenkundig sind und dennoch unwidersprochen akzeptiert werden oder daß Menschen beleidigt oder bloßgestellt werden.

Viele dieser Situationen in unserem Alltag werden stumm zur Kenntnis genommen. Oft ist es so, daß Menschen den eigenen Ängstlichkeiten nachgeben und lieber die beobachtete Ungerechtigkeit in Kauf nehmen, als öffentlich Stellung zu beziehen, obgleich es überwiegend Situationen sind, die für sich gesehen harmlos sind. Es sind bestimmte Gedanken, die viele Menschen dazu führen, sich in derartigen Situationen nicht zu Wort zu melden. Vielleicht kennen auch Sie diese oder ähnliche Gedanken:

- „Es könnte ja sein, daß ich dadurch selbst irgendwelche Nachteile hätte."
- „Warum soll ich mich da einmischen? Ich habe doch nicht den Streit angefangen."
- „Was geht mich das überhaupt an? Ich bin nur zufällig hier, und dann sollen die anderen sehen, wie sie damit fertigwerden."
- „Loyalität ist ein wichtiges Gut. Im Grunde genommen hat jeder Recht, sowohl der eine als auch der andere. Wenn ich

mich jetzt dazu äußere, setze ich mich zwischen zwei Stühle. Und das Risiko will ich nicht eingehen."

▪ „Vielleicht lachen die anderen darüber, wenn ich jetzt was sage."

▪ „Was kann ich da schon ausrichten? Ich bin im Grunde doch auch nur ein kleines Licht."

▪ „Wenn ich mich da einmische, reagiere ich nur noch emotional. Da sehe ich rot. Doch ist mit meiner Emotionalität niemandem geholfen. Im Gegenteil, jetzt ist Sachlichkeit gefragt, und die bringe ich zur Zeit nicht auf. Also laß' ich es lieber."

Wenn wir uns diese (und andere ähnliche) Aussagen genauer anschauen, wird die Qualität deutlich: Es geht um nichts anderes als um eine Rechtfertigung der eigenen Inaktivität. Wenn Menschen auf der einen Seite die Notwendigkeit sehen, „eigentlich" etwas tun zu müssen, um ungerechte Situationen zu verändern oder Stellung zu beziehen, auf der anderen Seite aber gleichzeitig persönliche Unannehmlichkeiten oder angedachte Nachteile befürchten, dann führt es häufig dazu, daß sie sich zurückziehen und diesen Rückzug gedanklich rechtfertigen. Die Sorge vor der persönlich erlebbaren Herabsetzung ist dabei so ausgeprägt, daß sie Menschen oftmals von Handlungsaktivitäten zurückhält. Damit wird allerdings gleichzeitig eine „soziale Verantwortung" abgelehnt. Die große Angst, bei anderen „nicht anzukommen" oder vielleicht sogar von sozialen Kontakten ausgeschlossen zu werden, scheint eine unüberwindbare Grenze zu sein, eigene Kräfte zu mobilisieren und zielgerichtet einzusetzen. Hier bietet es sich an, Fragen zu formulieren und an sich selbst zu richten.

▪ Warum ist es so wichtig für mich selbst, von anderen akzeptiert und geachtet zu werden?

- Wieso wird die Meinung anderer Menschen als bedeutsamer eingeschätzt als die eigene Ansicht und Beurteilung der augenblicklichen Situation?
- Wozu dient die persönliche Rechtfertigung wirklich?
- Weshalb ist mein eigenes Selbstwertgefühl offenbar so niedrig ausgeprägt, daß ich mich „gezwungenermaßen" sprachlich bzw. handelnd zurückhalte?
- Wie stark ist mein Wunsch wirklich, Situationen zu verändern?
- Ist es vertretbar, eine Situation durch das eigene Schweigen bzw. die eigene Handlungsaktivität so zu belassen, wie sie ist?
- Warum gebe ich die Verantwortung für die Veränderung von Situationen an andere ab und überlasse es ihnen, Innovationen zu ermöglichen?
- Wann habe ich überhaupt einmal dazu beigetragen, daß bedeutsame Entwicklungsprozesse durch mich in Gang gesetzt wurden?
- Wie stark ist mein Engagement tatsächlich, mich für Kinder, Eltern, Kolleginnen und mich selbst einzusetzen?

Jeder Mensch ist in eine große Anzahl von Lebensbezügen eingeflochten: Er ist abhängig von ökonomischen, ökologischen und sozialen Grunderfahrungen wie einer finanziellen Sicherung, einer lebensspendenden und -erhaltenden Natur sowie kommunikativen, menschlichen Verknüpfungen. Schauen wir uns dagegen in der Welt um, dann gibt es sicherlich viele Ereignisse und Erlebnisse, die die Einstellung prägen, daß der einzelne Mensch sowieso nichts an bestimmten Realitäten ändern kann, sei es an der Umweltzerstörung oder der Bürgerferne der Politik, sei es an Kriegen oder sozialen Mißständen.

Wer dies in persönlichen Erfahrungen oder durch die gigantische Medienwelt mitbekommt, kann schnell zu dem Schluß kommen, es gehe nur noch darum, „die eigene Haut zu retten" bzw. ein „Überleben" scheint nur dann von Erfolg gekrönt zu sein, wenn man sich selbst nur um die eigene Bedürfnisbefriedigung kümmert. Die Bündelung solcher Nachrichten kann Menschen in die gedankliche Bedrängnis führen, anzunehmen, es bringe nichts, sich jetzt auch noch vor Ort einzumischen – gemäß dem Motto: „Was kann ich kleiner Wicht schon ausrichten? Was kann ich diesen unaufhaltsamen Entwicklungen entgegensetzen, und wer bin ich, der es sich anmaßen würde, das Rad der Welt anzuhalten?" Menschen scheinen mit diesem (Unter-)Bewußtsein ihr Leben zu gestalten, so als würden sie eine „Hypothek des Pessimismus" mit sich herumtragen. Hier gilt es, sich darüber klar zu werden, daß eine Gesellschaft aus Menschen besteht, die genau diese Gesellschaft bilden. Damit ist unweigerlich die Verantwortung eines jeden einzelnen gefragt. Die Gesellschaft sind wir – Sie, jeder andere und ich! Würde diese Verantwortung nicht mehr empfunden, dann setzte sich die Gesellschaft aus Mitläufern, angstbesetzten Menschen und denjenigen zusammen, die bei bedeutsamen Situationen wegschauen. Zivilcourage trägt das Potential in sich, mit „Bürgermut" auf ganz unterschiedlichen Wegen Veränderungen zu versuchen. Das kann beispielsweise im Umgang mit Kindern, Jugendlichen und Erwachsenen in der eigenen Einrichtung beginnen, in der Auseinandersetzung mit Kolleginnen und dem Träger; es kann gleichzeitig durch Mitarbeit in Gremien oder berufsfeldspezifische Aktivitäten geschehen, durch politische Arbeit oder gezielte Öffentlichkeitsarbeit in der eigenen Kindertagesstätte.

Gleichzeitig ist es notwendig, sich von den Ereignissen dieser Welt nicht überrollen zu lassen und sich bewußt von der „Hypnose durch Medieneinflüsse" zu befreien. Menschen lassen sich sonst schnell in die Rolle eines Opfers hineindrängen und zeigen mit dem Finger auf ausgemachte Täter. Ein solches Vorgehen bewirkt allerdings nie eine Veränderung, weil eigene Kompetenzen dadurch lahmgelegt werden. Jeder Mensch ist in der Lage, das eigene Wissen und das soziale Gefühl der Gerechtigkeit in sich zu bemerken und daher nutzbar umzusetzen.

> *„Recht, von dem man keinen Gebrauch macht, stirbt ab;*
> *Freiheit, von der man keinen Gebrauch macht, welkt dahin.*
> *Widerstand muß heute darin bestehen, von seiner Freiheit*
> *Gebrauch zu machen."*
>
> (Heinrich Böll)

Wenn an dieser Stelle versucht werden soll, die wesentlichen Merkmale von Zivilcourage aufzulisten, dann heißt dies im einzelnen:

- Zivilcourage leitet sich von dem persönlichen Gewissen ab, inwieweit jemand moralische Werte besitzt (z. B. Einschätzungen von Gerechtigkeit und Ungerechtigkeit, Selbstverantwortung und Fremdverantwortung, Liebe und Haß, Mitgefühl und Gefühlskälte, Hilfsbereitschaft und Egozentrik).
- Zivilcourage ist immer ein persönlicher und gleichzeitig öffentlicher Akt, der sich am Gemeinwohl ausrichtet. Er lebt nicht aus dem Bedürfnis heraus, primär etwas für sich zu erreichen, sondern setzt sozial-humane Grundsätze als Ausgangspunkt für das eigene Handeln.
- Zivilcourage bedeutet nicht, völlig angst- und sorgenfrei etwas bewirken zu wollen, sondern leitet sich von der Überzeugung ab, daß die beste Form, etwas für andere zu tun, darin besteht, sich der eigenen Angst zu stellen und sich mit ihr durch Handeln aktiv auseinanderzusetzen.
- Zivilcourage ist die Praxis des im Grundgesetz verbrieften Rechts auf freie Meinungsäußerung. Menschen, die sich wertschätzen und gleichzeitig diesem Grundrecht einer De-

mokratie verpflichtet fühlen, mischen sich überall dort ein, wo es um notwendige Veränderungsvorschläge geht.

▪ Zivilcourage ergibt sich aus dem eigenen Gefühl für ein „richtiges" Verhalten. Dabei ist es unerheblich, ob die eigene Überzeugung einer allgemeinen Richtlinie zur Einschätzung bestimmter Situationen entspricht oder etwa denjenigen, die von ihrer Rolle her mehr Einfluß haben, mißfällt.

▪ Zivilcourage hat zur Folge, daß auch andere Menschen sich mit neuen Gesichtspunkten und Bewertungen befassen, um Geschehnisse aus einem anderen Blickwinkel neu einzuschätzen.

▪ Zivilcourage läßt das persönliche und berufliche Leben spannend werden, weil durch sie selbst immer wieder neue Erfahrungen hinzukommen, die voller Überraschungen und dem Prozeß des Lernens verbunden sind.

Das Schöne an der Zivilcourage ist schließlich die Erkenntnis, daß mit ihr die Persönlichkeitsentwicklung einen großen Schritt nach vorne tut. Menschen, die sich selbst herausfordern, setzen sich kognitiv und emotional mit ihrem Leben auseinander und bewirken etwas nach dem „Schneeballprinzip", indem diese Verhaltensweise auf andere Menschen überspringt. Die dabei neuentdeckten Kräfte sind gleichsam der Motor dafür, neue Vorhaben aufzugreifen und die Welt aktiv mitzugestalten. Dies ist allemal besser als die Erkenntnis, sich Tat für Tag „gestalten zu lassen", zumal in der Elementarpädagogik die Aufgabe darin besteht, Kindern dabei zu helfen, selbständig und selbstbewußt zu werden. Wie ist es möglich, ein solches Ziel zu verfolgen, wenn die für Kinder formulierten Ziele nicht zunächst die eigenen sind?

„Man muß etwas machen, um selbst keine Schuld zu haben.
Dazu brauchen wir einen harten Geist und ein weiches Herz.
Wir haben alle unsere Maßstäbe in uns selbst, nur suchen wir
sie zu wenig. "

(Sophie Scholl)

2.1.4 Humane Qualitäten

Ohne Zweifel war und ist es in Vergangenheit, Gegenwart und Zukunft für die Elementarpädagogik als einer eigenständigen Fachdisziplin wichtig, spezifische Qualitätsmerkmale zu erarbeiten, damit Ziele erreichbar, realistisch und überprüfbar werden. Vor über vierzig Jahren stellte schon der Pädagoge O. F. Bollnow fest, daß eine allgemeine Müdigkeit das erzieherische Denken in Deutschland befallen habe, daß es träge geworden sei, sich ohne irgendwelche nennenswerten neuen Impulse dahinschleppe und letztlich keinen Beweis für eine Effektivität erbringe.

Doch gerade in der unmittelbar zurückliegenden Zeit wurden die Forderungen aufgestellt, daß auch die Elementarpädagogik Qualitätskriterien beachten, sich in eine Qualitätsentwicklung begeben und daher sogenannte Qualitätsstandards zu erfüllen versuchen müsse. Eine solche Qualitätsdiskussion ist dringender denn je, um eine professionelle Arbeit zu gewährleisten und zu dokumentieren. Erstens gerät sie dadurch aus der Grauzone der Beliebigkeit, in der einzelne Menschen persönliche Schwerpunkte setzen und vielleicht darauf aus sind, den Tag ohne große Anstrengungen hinter sich zu bringen. Zweitens muß es Kriterien geben, die Einrichtungen und deren Tätigkeit vergleichbar machen. Das hat zur Folge, daß ein Dialog zwischen unterschiedlich geführten Institutionen auf einer qualitativ-inhaltsorientierten Ebene geführt wird und persönliche, beziehungsorientierte Kriterien an Wert verlieren. Drittens werden Forderungen sichtbar, die im Sinne einer hochwertigen Arbeit berechtigt sind, so daß sich die Verantwortlichen in der Elementarpädagogik darum kümmern müssen, diese Qualitätsmerkmale durch bestimmte Maßnahmen erreichbar werden zu lassen. Und viertens können Qualitätsstandards dazu beitragen, den einzelnen Einrichtungen – und damit den Mitarbeiterinnen und Verantwortlichen – einen größeren Handlungsspielraum zu geben. Auf dieser Grundlage wurden bzw. werden unterschiedliche Dimensionen und Merkmale von qualitätsgeprägten Bedeutungen ins Feld geführt und diskutiert. Erinnert sei an dieser Stelle an Begriffe wie Trägerqualität, Einrichtungsqualität, Raumqualität, Kosten-Nutzen-Qualität, Personal-/Mitarbeiterinnenqualität, Arbeits- und Tätigkeitsqualität, Qualitätsmaximierung sowie qualitative Grundorientierungen. Nur in einer qualitätsgeprägten Einrichtung können sich Kompetenzen und Professionalität entwickeln.

Doch besteht bei einer solchen Diskussion auch die Gefahr, daß pädagogische Werte sehr stark funktionalisiert werden, wenn beispielsweise ein freundlicher Umgang miteinander durch das Wort „Kundenorientierung" ersetzt wird, wenn statt „Beachtung der Lebenswelt der Kinder und ihrer Eltern" von „Kontextorientierung" gesprochen wird oder wenn statt „Bedürfnisbeachtung" von einem „bedarfsgerechten Leistungsangebot auf der Grundlage konkreter, empirischer Bedarfsermittlung" die Rede ist. So gut, wichtig, notwendig und richtig solche Aussagen sind, so sehr entsprechen sie dennoch einer sprachlichen Welt, die Humanität zum unerwünschten Begriff erklärt, weil eine technologische Formulierung keinen Beziehungswert in sich trägt.

Werte sind immer mit humanen Qualitäten verbunden. Denken wir alleine an Begriffe wie Wertschätzung, Achtung, Respekt oder Liebe. Ganz anders wirken dann Begriffe des modernen Managements auf uns: Statt einer sorgsamen Reflexion der Arbeit steht nun ein „Brenchmarking" an, statt einer hilfreichen Überprüfung der bisherigen Ziele und eingeschlagenen Wege kommt es zu einem „Controlling", statt engagierter Auseinandersetzungen über die Folgen bestimmter Projekte werden „Effekte" überprüft, und statt der beziehungsorientierten Arbeit mit Kindern, Kolleginnen und Eltern wird von einer „Dienstleistung zum Zwecke einer Bedürfnisbefriedigung" gesprochen. Kinder, Eltern und die Öffentlichkeit sind „Kunden" und hilfreiche Fähigkeiten im Umgang mit Menschen werden nun in einem „Steuerungsmodell" definiert. Soziale Dienstleistungen gelten als „Produkte" und kinder- bzw. mitarbeiterinnenfreundliche Bedingungen finden sich als „Strukturqualität" wieder. Schließlich gelten Beziehungen als „pädagogische Verhältnisse". Werte in der Elementarpädagogik drücken in starkem Maße bestimmte humane Qualitäten aus, die vor allem von den Erzieherinnen gezeigt werden sollten, um dieser Welt erneut Impulse für mehr Menschlichkeit zu geben. Das ist insofern besonders angezeigt, als die Welt, in der wir leben, von Tag zu Tag technisierter und mittelbarer in den Beziehungen wird. Das Internet läßt persönliche Beziehungen überflüssig werden, mit der e-mail gehören persönliche, handgeschriebene Briefe der Vergangenheit an, und mit dem Handy werden Erreichbarkeiten zur sekündlichen Realität, die persönliche Diskussionen – Auge in Auge – ersetzen. Es geht bei diesen Ausführungen sicherlich nicht um eine plakative Medienfeindlichkeit. Vielmehr ist es Absicht, auf notwendige Folgen einer Technisierung kurz hinzuweisen.

Humane Qualitäten zeigen sich beispielsweise in ganz alltäglichen Situationen, im Umgang mit sich selbst, mit Kindern und Eltern, mit Kolleginnen oder dem Träger, Angehörigen anderer sozialer Dienste oder der Öffentlichkeit. So zeigt sich

- Freundlichkeit in der Zuwendung zu Menschen und nicht in einer Ablehnung anderer, weil diese vielleicht eine andere Einstellung zu einer bestimmten Sache haben oder eine andere Meinung vertreten;
- Offenheit in der Wahrnehmung von Kleinigkeiten, in der Beobachtung von Nebensächlichkeiten und in der Berücksichtigung fremder Positionen;
- Interesse an Personen oder Situationen an der Neugierde, etwas bisher Unbekanntes zu verstehen, zu begreifen und für die eigene Position möglicherweise zu berücksichtigen;
- Vertrauen in einer vorurteilsfreien Begegnung mit Menschen, die vielleicht fremd auf uns wirken oder befremdliche Verhaltensweisen zeigen, die uns im ersten Moment abschrecken, vielleicht sogar ängstigen (können);
- Wertschätzung von Personen oder Materialien in einem sorgsamen Umgang mit ihnen, ohne persönliche Angriffe oder Beleidigungen, Geringschätzung oder Mißachtung zu offenbaren;
- Respekt, indem Ironie, Herabsetzungen oder Bloßstellungen vermieden werden;
- Akzeptanz anderer Menschen und deren Einstellungen dadurch, daß Diskussionen auf einer inhaltlichen Ebene ausgetragen werden, ohne Machtansprüche oder Siegermentalitäten zu spüren;
- Gerechtigkeitsempfinden in dem Mut, unterschiedliche Erfahrungen und Positionen sorgsam abzuwägen und dafür zu sorgen, daß Gerechtigkeit gegebenenfalls wieder hergestellt wird;
- Pünktlichkeit in der Wertschätzung von Absprachen;
- Zuverlässigkeit in dem eigenen Verhalten, möglichst stimmig, klar und deutlich seine eigene Position zu vertreten, ohne vorschnell andere, vielleicht sogar vorher abgelehnte

Positionen zu übernehmen bzw. dann den Mund zu halten, wenn persönliche Nachteile drohen;

— Höflichkeit nicht im „Dienern" oder in einem „unterwürfigen Verhalten", sondern in der grundsätzlichen Bereitschaft, eigene und fremde Bedürfnisse miteinander in Beziehung zu setzen, diese abzuwägen und egozentrische Wünsche im Sinne eines Sozialverhaltens aufzugeben;

— Hilfsbereitschaft durch Aufmerksamkeit für den anderen mit dem Wunsch, ihm aufgrund seiner Hilflosigkeit oder derzeit eingeschränkten Aktionsmöglichkeiten eine entsprechende Unterstützung zu schenken;

— Dankbarkeit nicht etwa im „Diener" oder „Knicks" vor anderen, sondern in einem Ausdruck von Freude, die einer anderen Person ganz einfach mitgeteilt wird;

— Verantwortung in der Übernahme von notwendigen Arbeiten und nicht in der ständigen (un-)bewußten Delegation von Verantwortlichkeiten.

All diese humanen Qualitäten können nur dann zu einem festen Bestandteil der Elementarpädagogik werden, wenn die Erzieherinnen bereit sind, sich mit sich selbst auseinanderzusetzen, Selbsterfahrung zu sammeln und sich vor allem mit ihrer eigenen Biographie beschäftigen! Jeder Mensch hat eine ganz spezifische Geschichte mit unendlichen vielen Eindrücken, Erlebnissen und Erfahrungen hinter sich. Und dabei wird ein persönlicher Werteverlust auch immer einen Werteverlust der pädagogischen Arbeit mit sich bringen. Die Umsetzung humaner Qualitäten im Beruf setzt eine persönliche und berufliche Identitätsentwicklung voraus, und sie entwickelt sich nur durch eine (selbst-)kritische Auseinandersetzung mit der eigenen Persönlichkeit. Dabei geht es in einem sicherlich mühsamen, aber äußerst wichtigen und hilfreichen Klärungsprozeß um die Frage, wer man eigentlich ist, welche Kompetenzen die eigene Person auszeichnen und welche Inkompetenzen hinderlich für die Erreichung bestimmter Ziele sind. Die Beschäftigung mit Kindheitserfahrungen und -erinnerungen ist dabei der wichtigste Schlüssel zur Selbstentfaltung und der bedeutsamste Weg zur Selbsterkenntnis. Dabei werden auch erlebte Werte offenkundig, die mit der Vergangenheit und damit mit der Gegenwart in Beziehung stehen.

2.2 Ansprüche an eine wertorientierte Elementar-pädagogik

Der Kindergarten ist ein Ort, an dem Kinder und Erwachsene täglich miteinander umgehen, gemeinsame Erfahrungen machen, miteinander sprechen, aufeinander hören, gemeinsam ins Spiel vertieft sind, Konflikte miteinander regeln, staunen, lachen, wütend sind, aufeinander zugehen, Projekte erleben, Aufgaben meistern, sich auf andere einlassen, Wünsche äußern, Bedürfnisse wahrnehmen und viele Dinge gemeinsam gestalten. Insofern stellt der Kindergarten eine Institution dar, in der es Tausende von Möglichkeiten gibt, Werte kennenzulernen und gleichzeitig zu erfahren. Die Erzieherinnen sind dabei die Personen, die durch ihre Umgangsformen, die Beurteilung von Situationen und ihre besonderen Verhaltensmerkmale in einem entscheidenden Maße dazu beitragen, daß bedeutsame Werte von Kindern erfahren werden (können). Fragt man nun, welche besonderen Werte an welchen Stellen der Elementarpädagogik zu einer erlebten Kultur gelangen, so gibt es verschiedene Schwerpunkte.

2.2.1 Pflege einer Sprach- und Sprechkultur

Die Sprache hat viele Funktionen. Zum einen heißt das, daß es unterschiedliche Absichten gibt, warum wir mit anderen Menschen sprechen. Sehen wir uns dazu einmal einige Sprachäußerungen an:

> Die Kindergartenzeit geht zu Ende, und die Eltern holen ihre Kinder vom Kindergarten ab. Viele Spielsachen liegen noch im Gruppenraum herum, und die Erzieherin möchte, daß zumindest das meiste Spielzeug an seinen „richtigen Platz" zurückgebracht wird. Sie bittet alle Kinder, die im Raum sind, zu sich und sagt: „Es gibt ein Problem. Ihr seht, daß ganz viele Spielsachen im Zimmer verstreut sind. Durch unser Spielen haben wir dafür gesorgt, daß es jetzt so kunterbunt aussieht. Wenn nachher die Putzfrau kommt, hat sie ganz viel Arbeit. Alleine schafft sie das Aufräumen nicht. Also ist es unsere Sache, wieder für etwas mehr Ordnung zu sorgen. Jeder nimmt jetzt möglichst viele Spielsachen vom Boden und trägt sie bitte dorthin, wohin sie gehören. Natürlich helfe ich auch mit."

Diese Aussage zielt auf eine *Problemlösung* hin.

> In der Ecke des Kindergartenraumes sitzt ein Kind, weint leise vor sich hin und hat sein Gesicht in seinen Händen verborgen. Die Erzieherin sieht es, beobachtet es eine Weile und entschließt sich, mit dem Kind ins Gespräch zu kommen. Dazu geht sie langsam in Richtung des Kindes, nimmt sich einen kleinen Stuhl, setzt sich neben den Jungen und spricht: „Hallo Marius. Da gibt es was, worüber du ganz traurig bist. Schon eine ganze Zeit sitzt du hier in der Ecke und weinst. Irgendwer hat dich vielleicht geärgert oder irgend etwas ist dafür verantwortlich, daß es dir jetzt so schlecht geht. Das ist auch ein blödes Gefühl, wenn man gar nicht weiß, was man jetzt machen könnte, als hier zu sitzen und zu weinen."

Diese Äußerung hat das Ziel, eine *Beziehung zum Kind* herzustellen.

> Während des Abschlußkreises, bei dem jedes Kind und auch die Erzieherinnen die Möglichkeit haben, über besondere Erfahrungen des Tages im Kindergarten zu berichten, meldet sich eine der beiden Mitarbeiterinnen zu Wort und sagt: „Mir ist heute etwas Besonderes aufgefallen, und darüber möchte ich gerne erzählen. Ihr wißt vielleicht, daß ich heute kurz einmal nicht beim Spielen dabei war. Ich war zusammen mit Katharina und Johannes auf der Baustelle nebenan, wo das Einfamilienhaus gebaut wird. Wir sind zu den Handwerkern gegangen und haben gefragt, ob wir ein paar von den großen Brettern bekämen. Damit können wir nämlich ein richtiges Baumhaus bauen. Die Handwerker haben es erlaubt. Wir können morgen also ein paar Bretter abholen."

Diese Aussage dient der *Informationsvermittlung.*

> Die Erzieherin sieht, wie ein Kind ein anderes beim Laufen anrempelt. Sie beobachtet weiter, daß das Kind sein Rennen unterbricht und sich bei dem anderen Kind entschuldigt. Die Erzieherin geht auf die beiden zu und sagt: „Britta, ich habe gerade gesehen, daß du beim Laufen den Kevin umgestoßen hast. Da bist du aber nicht einfach weitergerannt, sondern bist stehengeblieben, umgekehrt und hast dich jetzt beim Kevin entschuldigt. Manche Kinder hätten vielleicht so getan, als würden sie das gar nicht bemerken. Bei dir war es anders. Ich finde es sehr hilfsbereit von dir, dich um Kevin zu kümmern."

Mit diesen Sätzen äußert die Erzieherin ihre *Meinung.*

> Nadine, fünf Jahre alt, hämmert verbissen an ihrem Vogelhäuschen. Dazu nimmt sie allerdings viel zu kleine Nägel, so daß die Verbindung zwischen den zwei Brettern nicht hergestellt werden kann. Ein Nagel nach dem anderen verschwindet

im Holz (oder knickt beim Hämmern um). Nadine ist fast dabei aufzugeben. Die Erzieherin bemerkt die Verzweiflung des Mädchens, geht zu ihr hin und sagt: „Ach Nadine, irgendwie will das mit den Nägeln nicht klappen. Jetzt hast du schon ganz viele Nägel reingehauen, und die beiden Bretter wollen einfach nicht zusammenhalten. Mir ist aufgefallen, daß du eine besondere Vorliebe für diese kleinen Nägel hast. Die sind wirklich zu kurz. Bestimmt hält es besser, wenn du entweder größere Nägel suchst oder z. B. die beiden Bretter an den Stellen, wo sie zusammenhalten sollen, mit Leim bestreichst." Nun wartet die Erzieherin ab, ob Nadine sich für eine der neuen Möglichkeiten entscheiden möchte und ob ihre Mithilfe erwünscht ist.

Hier wird Sprache zur *Beeinflussung des Verhaltens* anderer genutzt.

Bei einem Ausflug des Kindergartens in einen nahegelegenen Wald machen die Kinder und Erzieherinnen eine Rast. Sie sind umgeben von großen Bäumen, die sich leicht im Wind hin- und herbewegen. Die Baumkronen rauschen, und ab und zu hört man auch das leichte Knirschen der Äste. Weit und breit ist kein Haus zu sehen, und es herrscht eine ziemliche Stille, als die Kinder mit ihrem Essen beschäftigt sind. Eine der Erzieherinnen sagt: „Mir ist es fast ein bißchen unheimlich hier. Wenn ich die Geräusche höre und mir vorstelle, ich wäre ganz alleine im Wald, dann könnte ich etwas Angst bekommen. Löwen, Tiger und Bären gibt es ja nicht mehr in unseren Wäldern. Das finde ich gut. Aber wenn ich gar keinen anderen Menschen hier sehen würde, könnte ich mich vielleicht verlaufen."

Hier kommt es zum *Ausdruck von Gefühlen*.

Wenn wir einmal diese sechs Funktionen näher betrachten, fällt auf, daß unsere Sprache ein breites Spektrum bietet, sich anderen Menschen mitzuteilen. In der Praxis sieht es demgegenüber leider so aus, daß häufig nur zwei Funktionen im Vordergrund stehen: die Äußerung der eigenen Meinung und die Beeinflussung des Verhaltens unseres Gegenübers. Sicherlich hat das etwas mit dem Selbstverständnis von Pädagogik zu tun. Sprache entspringt unserer Einstellung und ist abhängig davon, mit welcher Absicht wir mit Kindern reden und wie unsere Einstellung ihnen gegenüber geprägt ist. Eine Sprachkultur auf- und auszubauen und sie durch unser Sprechen zu pflegen, umfaßt daher vor allem folgende Merkmale:

— mit Kindern gemeinsam zu reden und nicht auf sie einzureden;
— Kinder an den Gesprächen teilhaben zu lassen, sie aktiv zu beteiligen, anstatt sie zu dirigieren, fertige Lösungen anzubieten, Ratschläge oder Anweisungen auszusprechen;
— Kinder und uns auf immer neue Erfahrungen einzulassen, anstatt aus der Lebensweisheit von uns Erwachsenen zu zitieren nach dem Motto: „Ich weiß schon, wie es ausgehen wird";
— Kinder in ihren Ausdrucksformen zu verstehen und sprachlich zu begleiten, anstatt blitzschnell zu diagnostizieren und Fragen zu stellen;
— individuell auf Kinder einzugehen, anstatt die Gruppe im Vordergrund zu sehen bzw. eine Beziehung zwischen dem Lebensalter eines Kindes und erwarteter Leistungen herzustellen;
— Kinder in dem, was sie erzählen und tun, wirklich ernstzunehmen, anstatt Dinge, die wir Erwachsenen als unwichtig einschätzen, zu bagatellisieren;
— Kinder ausreden zu lassen, anstatt sie schon vor Beendigung ihrer Sätze zu unterbrechen;

- auf Kinder zu hören, auch ihren längeren Ausführungen wirklich zuzuhören, anstatt selbst Monologe zu halten;
- sich auf das „magische Denken" der Kinder einzulassen, anstatt mit viel Vernunft zu rationalisieren;
- die Bedeutung der Aussagen von Kindern auf sich wirken zu lassen, anstatt eigene Erfahrungen, Gefühle und Gedanken auf Kinder zu übertragen;
- sich in der Sprache auf dieses eine Beispiel, diesen einen Umstand einzulassen, anstatt auf Grundsätzlichkeiten zu sprechen zu kommen.

Es ist bekannt, daß Kinder, die eine wirkliche Sprachkultur erleben, zufriedener sind, sich als leistungsstärker erweisen und ein höheres Maß an Selbständigkeit entwickeln als solche, die dirigiert und kommandiert, häufig ermahnt und durch die Sprache geringgeschätzt werden. Eine Sprachkultur zu pflegen bedeutet vor allem, bei den vielen Problemen und Konflikten des Alltags gemeinsam nach Lösungen zu suchen und keine Lösungen vorzuschreiben, nach Gründen für Mißgeschicke gemeinsam zu suchen, anstatt Kindern Vorhaltungen zu machen. Sprachkultur schafft damit die Voraussetzung, daß Kinder und Erwachsene befähigt werden, sich als Person und ihre Umwelt besser, intensiver wahrzunehmen, um auf diese Weise hilfreiche, neue, konstruktive und produktive Lösungen zu erkennen und in Handeln umzusetzen. Sprachkultur entwickelt sich dann, wenn

- Erwachsene der anderen Person in diesem Augenblick wirklich behilflich sein wollen;
- Erwachsene bereit sind, auf das zu hören, was andere ausdrücken möchten;
- Erwachsene dem Gespräch Zeit schenken und nicht mit ihren Gedanken schon bei anderen Gelegenheiten sind;

– Erwachsene die Fähigkeit entwickeln, eigene Empfindungen und die der anderen Person zu bemerken mit der Aufgabe, diese als getrennte Größen zu akzeptieren (es geht zunächst nicht um richtig und falsch, gut oder schlecht, sondern um zwei Personen, die das Recht haben, ihre jeweilige eigene Meinung zu äußern);
– Erwachsene den Optimismus in sich tragen, daß durch die Qualität der eigenen Sprache bzw. des Sprechens die Fähigkeit eines anderen Menschen unterstützt werden kann, sich durch ein Problem bzw. eine Aufgabenstellung hindurchzuarbeiten, um so zu einer gemeinsamen Lösung zu finden.

2.2.2 Pflege einer Kommunikationskultur

Vielleicht kennen Sie eine solche Situation: Sie sind in einem Großmarkt für Lebensmittel oder Baubedarf und suchen ein ganz bestimmtes Produkt. Vor sich haben Sie endlos lange Gänge, die links und rechts mit vollbelegten Regalen bestückt sind. Leider ist das Blickfeld durch diese Gänge eingeschränkt, weil sich viele Menschen entschlossen haben, dasselbe wie Sie zu tun: mit einem Einkaufswagen loszuziehen und nach dem Ausschau zu halten, was sie brauchen. Nun kommt es dazu, daß Sie Ihr gesuchtes Produkt nicht finden. Sie lassen Ihre Blicke schweifen, ob nicht irgendwo ein Verkäufer zu finden ist. Endlich haben Sie jemanden erspäht, eilen auf ihn zu und fragen, ob er Ihnen den Standort Ihres gesuchten Produktes zeigen könne. Unwillig reagiert der Verkäufer: „Da sind Sie hier ganz falsch. Gehen Sie am besten ein Stück weiter geradeaus und dann links. Dort müßte es eigentlich zu finden sein. Sonst fragen Sie am besten jemanden, der dafür zuständig ist."

Und schon wendet sich der Verkäufer von Ihnen ab und läßt Sie stehen. Besuchen Sie einen solchen Großmarkt gerne? Würden Sie ohne negative Gedanken ein zweites oder drittes Mal wieder dorthin gehen?

Dieses Beispiel kann ohne Schwierigkeiten auch auf die Elementarpädagogik übertragen werden. Der Kindergarten ist ein Ort, der den Anspruch hat, für eine angenehme Atmosphäre zu sorgen (im Interesse der Entwicklung von Kindern) – der Großmarkt hat primär ein „Kundeninteresse", wobei die Atmosphäre häufig alleine dadurch positiv hergestellt werden soll, daß unüberhörbar eine bestimmte Musikberieselung erfolgt. In beiden Fällen geschieht die Ausrichtung auf eine bestimmte „Klientel".

Kommunikationskultur zeigt sich in vielen kleinen Facetten, etwa im Umgang miteinander:

- Gibt es eine gegenseitige Hilfsbereitschaft, wenn Mitarbeiterinnen eine bestimmte Aufgabe nicht alleine lösen können?
- Schafft man Raum und Zeit für persönliche Gespräche, um zu erklären, was einem gerade besonders Wichtiges durch den Kopf geht?
- Werden Störungen auf der Beziehungsebene deutlich angesprochen oder stillschweigend akzeptiert?
- Ist die Verantwortung der gesamten Kindergartenarbeit gerecht auf alle Schultern verteilt, oder gibt es Mitarbeiterinnen, die Verantwortung an sich reißen und nicht abgeben bzw. nicht bereit sind, Verantwortung auf sich zu nehmen?
- Zeigen die Kolleginnen Eigeninitiative, oder wird darauf gewartet, daß vielleicht einmal andere auf einen zukommen?
- Werden lebendige Diskussionen von allen wertgeschätzt, oder ziehen es manche Mitarbeiterinnen vor, häufig zu schweigen?
- Werden Entscheidungen sachlich-kritisch besprochen und inhaltlich diskutiert, oder ist es üblich, „beziehungsorientierte Flügelkämpfe" auszufechten?

- Fallen Teamentscheidungen erst dann, wenn alle Mitarbeiterinnen die Möglichkeit hatten, sich zu der Fragestellung sachlich zu äußern, oder werden Entscheidungen kurzfristig nach dem einfachen Mehrheitsprinzip gefällt?
- Haben Absprachen eine grundsätzliche Gültigkeit und werden sie tatsächlich von allen solange eingehalten, bis neue Absprachen getroffen werden, oder gibt es Mitarbeiterinnen, die Absprachen mißachten?
- Werden Zielsetzungen eindeutig formuliert, oder lassen sie jeweils einen großen Handlungsspielraum für alle, so daß letztlich jeder das macht, was er möchte?
- Werden Informationen an alle Mitarbeiterinnen weitergegeben, oder sind sie unterschiedlich gestreut?
- Herrscht untereinander eine verdeckte oder offene Konkurrenz, oder steht der Teamgedanke, die Weiterentwicklung des persönlich-fachlichen Profils aller im Vordergrund?
- Werden neue, ungewohnte Ideen und Vorschläge bei einer Problemlösungssuche betrachtet, oder werden innovative, fremd wirkende Äußerungen gleich schon zu Beginn abgeschmettert und geblockt?
- Steht bei Problemlösungen die Selbstprofilierung einzelner Mitarbeiterinnen an erster Stelle oder die Konzentration auf ein Gruppenergebnis?
- Wird in der Einrichtung auch des öfteren erwähnt, was besonders erfreut hat, was prima und gelungen ist, oder geht es vor allem um Kritik und Herabsetzung einzelner?

Die Kommunikationskultur unter den Mitarbeiterinnen ist der Dreh- und Angelpunkt für eine gelungene Umgangskultur mit Kindern, Eltern und allen Menschen, die mit dem Kindergarten in einer Beziehung stehen. Erzieherinnen sind Gastgeberinnen, und Kinder, ihre Eltern sowie alle Besucher sind Gäste einer Einrichtung. Ob sie sich auch als solche fühlen dürfen, zeigt sich eben in der gelebten Umgangs- und Kommunikationskultur. Hier einige Merkmale im gemeinsamen Leben mit Kindern. Kinder brauchen

– Respekt und Achtung, um sich möglichst ohne Angst entwickeln zu können;
– gemeinsam abgesprochene und von allen beschlossene Regeln, um sich im Kindergarten zu orientieren;
– die Erfahrung einer Individualentwicklung, um sich mit sich selbst auseinanderzusetzen zu können;
– die Erfahrung, daß sie selbst etwas ausprobieren können, ohne gleich alles „richtig" machen zu müssen;
– einen Umgang ohne Ironie: Sie verletzt und schafft für Kinder Irritationen. Statt dessen ist es für sie unerläßlich, das Gefühl zu bekommen, ernstgenommen zu werden;
– die Sicherheit, nicht bloßgestellt zu werden. Solche Verletzungen wirken häufig ein Leben lang;
– Freiraum für eigene Ideen, eigene Vorhaben, eigene Handlungsräume, um sich und ihr Können auszuprobieren;
– Geheimnisse, verbunden mit der Erfahrung, daß Dinge auch einmal stehenbleiben können, ohne ausgesprochen bzw. entdeckt zu werden;
– viel Zeit, um sich in dieser Welt zu orientieren, um Erlebnisse und Situationen wahrzunehmen, ohne ständig gedrängelt oder unter Zeitdruck gesetzt zu werden;
– eine Atmosphäre, die durch Gewaltfreiheit gekennzeichnet ist, damit ein Kind nicht lernen muß, daß nur der Stärkere gewinnt und Kampf der Weg zum Erfolg ist;
– Erfahrungen, daß sie geliebt werden;
– genügend Raum, um ihrem Bewegungsbedürfnis nachzukommen.

Schließlich zeichnet sich eine gepflegte Kommunikationskultur mit Eltern dadurch aus, daß sie ein Gefühl des Willkommenseins erfahren. Es ist manches Mal verwunderlich, daß Eltern als störend erlebt werden, wenn sie beispielsweise kritische Fragen zur Pädagogik stellen oder mit irgendwelchen Vorhaben im Kindergarten nicht einverstanden sind. Eltern haben das Recht, sich zu allen Angelegenheiten zu äußern, weil es ihr Kind ist, das diese betreffende Einrichtung besucht. Sie haben ein Recht auf Mitsprache, und sie können erwarten, daß ihnen ein offenes Ohr geschenkt wird. Die Pflege einer Kommunikationskultur heißt daher, Eltern

– zu informieren, regelmäßig und inhaltsorientiert;
– zu beteiligen, wenn es darum geht, daß Neuerungen in der Einrichtung angedacht und eingeführt werden sollen;
– zu aktivieren, um gemeinsam mit ihnen nach Lösungsschritten bzw. Handlungsaktivitäten zu suchen;
– ernst zu nehmen, weil Elternsorgen und -ängste subjektiv erlebt werden und es durchaus eine unterschiedliche Einschätzung von Situationen gibt;
– bei Unstimmigkeiten direkt und möglichst schnell anzusprechen, damit Irritationen geklärt werden können;
– alle Themen und Projekte mit Eltern zu besprechen, damit sie wissen, was zur Zeit im Kindergarten gemacht wird;
– auch die Themen- und Lebensbereiche der Kinder zu thematisieren, die vielleicht als „heiße Kartoffel" angesehen werden (zum Beispiel Doktorspiele der Kinder);
– für eine intensivere Zusammenarbeit zu gewinnen;
– bei einer Konzeptionserarbeitung zu beteiligen;
– die Möglichkeit zu geben, ihre Erwartungen auszusprechen, um dann abzuklären, welche davon erfüllt werden können und welche unberücksichtigt bleiben werden (mit Begründungen selbstverständlich).

Mit einer guten Kommunikationskultur gelingt es meist, das Profil einer Einrichtung angemessen und annehmbar herauszustellen, ohne in eine bewußt gesteuerte Selbstdarstellung zu verfallen. Kommunikationskultur wirkt „auf leisen Sohlen" und wird sicherlich von allen Seiten sehr geschätzt.

2.2.3 Pflege einer Wohnkultur

Der Kindergarten schafft neben der Sprach- und Kommunikationskultur auch durch die Raumgestaltung eine Atmosphäre des Wohlfühlens. So heißt es nicht ohne Grund, daß Räume die „heimlichen Erzieherinnen" im Kindergarten sind. Sie beeinflussen gewissermaßen indirekt die Verhaltensweisen der Menschen, behindern oder unterstützen ihre Entwicklung, regen zu Aktivitäten an oder lassen Passivität entstehen, erregen Aufmerksamkeit und Interesse oder erzeugen Ablehnung und ein Gefühl des Unwohlseins. Denken Sie einfach an Ihre eigene Wohnung. Nichts wird dem Zufall überlassen gewesen sein, wenn Sie sich beispielsweise für genau diese Bilder, diesen Schrank, diese Sitzgruppe oder diesen Teppich entschieden haben. Wenn in einem Kindergarten sehr unterschiedliche Menschen zusammentreffen, gibt es auch unterschiedliche Einschätzungen, wie ein Wohnraum gestaltet werden könnte. Es ist daher verständlich, daß Kinder eine andere Vorstellung der Raumgestaltung haben als vielleicht die Erzieherinnen, Eltern wiederum eine andere Einrichtung oder Raumgestaltung vorziehen würden als ein Innenarchitekt und der Träger von den Ideen von Erzieherinnen abweichende Vorschläge einbringt. Räume erzählen immer eine Geschichte – diese Aussage können Sie sicherlich nachvollziehen, wenn Sie an die Einrichtung der Räume Ihrer Freunde denken. Sofort entsteht der Eindruck: Das paßt zu den Menschen bzw. das ist nicht stimmig oder überrascht. Es gibt Räume, die wirken kühl und kalt, andere warm und gemütlich. Schauen wir uns einfach mal die Merkmale von Räumen an, indem Begriffe in einer Gegenüberstellung angeordnet sind: Räume können

- leer   oder voll,
- geordnet   oder ungeordnet, zufällig,
- ruhig   oder voller Dynamik,
- einfach   oder vielseitig,
- langweilig   oder abwechslungsreich,
- einheitlich   oder vielfältig,
- tot   oder lebendig,
- anregungsarm oder anregungsreich

wirken. So wie Farben eine psychologische Wirkung auf Menschen besitzen, so wirken Räume auf den Betrachter, pausenlos und ohne Unterlaß, es sei denn, Menschen würden ihre Sinnesorgane ausschalten, was praktisch aber nicht möglich ist. So wirken im einzelnen die Decken-, Wand- und Möbelfarben, die Helligkeit oder Dunkelheit der Räume, die Wandbehänge und Bilder, Fotos und Postkarten, die Beschaffenheit des Bodens und die Möbel selbst, die Ecken, Höhlen und Nischen, die Vorhänge, die unterschiedlichen Raumebenen, die Spiele und gesamten Materialien, die großen oder kleinen Flächen, die vorherrschende Temperatur, die raumeigenen Gerüche und unterschiedlichsten Geräusche, die Pflanzen und Tiere, Steinsammlungen und Deckentücher, vorhandene Bücher und Fensterflächen auf uns ein. Sie sprechen uns dabei auf der Gefühlsebene an und erzeugen Aktivität bzw. Passivität, laden ein zum Dableiben oder Fortgehen, zum Schlafen oder Bewegen, zum Spielen oder Abwarten, Bestaunen oder Wegsehen, Verstecken oder Suchen, Reden oder Schweigen, Krach schlagen oder Verstummen. Räume weisen uns durch ihre Gestaltung den Weg, sie auch gerne in Zukunft aufzusuchen oder zu versuchen, sie zu meiden. Kinder und Erzieherinnen haben allerdings nur selten die Möglichkeit, Räume nicht zu betreten. Was bleibt, ist die Chance, sie nach eigenen Vorstellungen im Rahmen der Möglichkeiten und im Hinblick darauf, was Kinder brauchen, umzugestalten.

Wenn der Wunsch besteht, den Kindergarten als einen Ort mit Wohnkultur einzurichten, dann wird es immer der Versuch sein, sich auf einem schmalen Grat zwischen eigenen und fremden Bedürfnissen und bestimmten Widersprüchen zu bewegen. Der ideale Raum

- bietet eine einfache, übersichtliche Vielfalt ohne Leere und Überreizung;
- ist abwechslungsreich, ohne unübersichtlich zu wirken;
- ist geordnet, ohne zwanghaft zu sein;
- ist sauber, ohne den Eindruck von Sterilität zu vermitteln;
- berücksichtigt neuartige Elemente, ohne ein Chaos auszulösen;
- ist anregend, ohne ein Überdrehen zu provozieren;
- sorgt für Anspannung und Entspannung;
- stellt ruhige Ecken zur Verfügung, ohne langweilig zu wirken;
- nimmt Einfluß auf das Verhalten der Kinder, ohne sie zu beherrschen.

Vielleicht geht es Ihnen beim Besuch von Kindergärten manches Mal auch so, daß Sie in außergewöhnlich teuer eingerichteten Einrichtungen ein Gefühl der Beklemmung nicht loswerden. Auf der anderen Seite kann es passieren, daß Sie als Besucherin in weniger teuer eingerichteten Kindergärten das Gefühl erleben, sich rundherum wohlzufühlen. Es soll an dieser Stelle versucht werden, Kriterien für eine „Wohnkultur" herauszuarbeiten:

■ *Wohnatmosphäre:* Sowenig die vollständige Einrichtung aus einem Katalog bestellt werden muß, so unterschiedlich können die Möbel individuell zusammengestellt sein. Gut erhaltene Möbel, individuelle Einzelanfertigungen und vielleicht sogar selbsthergestellte Einrichtungsgegenstände können durchaus mit akzeptablen Industrieprodukten kombiniert werden. Um es aber auch sehr deutlich zu sagen: Kindergärten sind keine Abstellkammer für ausgediente Möbel.

■ *Weite:* Kinder brauchen zum Spielen Platz. Demgegenüber sind viele Kinderräume mit zu vielen Möbeln zugestellt. Es ist eine berechtigte Frage, ob beispielsweise jedes Kind einen eigenen Stuhl bzw. Platz am Tisch braucht oder Kinderkonferenzen nicht auf dem Boden stattfinden können, der mit einem Teppich gepolstert ist. Darüber hinaus geht es auch um den freien Blick nach draußen: Wenn Fenster mit Fingerfarben vollgemalt wurden, ist der Blick getrübt. Es stellt sich die Frage, wieso dieser Umstand immer noch so häufig zu finden ist (es geht nicht um eine Fenstergestaltung zu Weihnachten – gedacht ist an eine Sichtbehinderung aus den Fenstern das ganze Jahr über). Die vielen Stühle und Tische haben ihre Geschichte in der Gestaltung einer früheren Pädagogik, als alle Kinder zum selben Zeitpunkt eine bestimmte Aufgabe erfüllen sollten und mußten. Doch dieser Ansatz hat sich bekanntermaßen überlebt.

■ *Ästhetik:* Die Ästhetik der Kinder unterscheidet sich in manchen Punkten deutlich von der der Erwachsenen. Es kommt immer wieder vor, daß auf der einen Seite Mobiles, Fensterbilder oder andere Dekorationen mit Hilfe von Schablonen aufgemalt oder ausgeschnitten werden, auf der anderen Seite Kinderbilder recht lieblos mit Stecknadeln an den Wänden aufgehängt werden. Sicherlich ist es sinnvoll, die Wertigkeit einfach zu vertauschen: Kinderbilder werden in selbsthergestellten Holzrahmen angebracht und aufgehängt, Schablonen dagegen auf dem Flohmarkt verkauft oder in Kartons verfrachtet und weit weggestellt.

■ *Wohnkultur:* Kinder lieben es, mit Materialien aus dem realen Leben umzugehen. So können guterhaltene, ausrangierte Telefonapparate, Werkbänke, technische Geräte jeder Art besser eine Wohnkultur gestalten als Gegenstände, die extra für Kinder produziert wurden. Auch wenn verschiedentlich in der Pädagogik gegen eine „Eckennutzung" gesprochen wird, bedeutet Wohnkultur auch eine Übersichtlichkeit des Raumes. Kuschel-, Schmink- oder Verkleideecken haben ihren Wert darin, daß Kinder sich in einem Raum orientieren können. Die Regel, daß etwa nur eine bestimmte Anzahl von Kindern sich in einer bestimmten Ecke aufhalten darf, ist ohne pädagogischen Sinn und daher überflüssig.

Zu einer Wohnkultur gehören sicherlich auch Pflanzen, die gepflegt und versorgt werden wollen. Viele Topfpflanzen fristen in manchen Kindergärten ein trauriges Dasein. Es ist überflüssig zu fragen, was genau eine „Erziehung zur Achtung der Natur" umfaßt, wenn beispielsweise hochgestochene, aushäusige Aktionen geplant und durchgeführt werden, gleichzeitig die eigene Pflanzenpflege vor Ort vernachlässigt wird.

Damit sich der Platz für die Kinder im Raum entzerrt, können Hoch- oder Tiefebenen gebaut werden. Dadurch erhalten die Kinder die Möglichkeit, sich in Interessensgruppen zurückzuziehen, ohne sich gegenseitig ins Gehege zu kommen. Besondere Rückzugsräume können in Räumen sogenannte Wandklappzelte sein. Sie sind an der Wand befestigt und können bei Bedarf (wie ein Sonnenschutz vor einem Schaufenster) heruntergeklappt werden. Litfaßsäulen bieten Platz, um Informationen zu verbreiten, labyrinthartige Wandregale sprechen das Auge besonders an, und Raumteiler (Vorhänge an Deckenschienen) lassen es zu, daß Kinder in besonderen Ecken ganz für sich sein können.

Selbstverständlich zeigt sich eine Wohnkultur auch im Eingangsbereich des Kindergartens: Wenn Eltern und Besucher mit einer ansprechenden Personalleiste begrüßt werden, ein Wegweiser auf die Räumlichkeiten hinweist, eine Sitzgarnitur mit einem Tisch und Zeitschriften das Warten erleichtert, gut lesbare Projektbeschreibungen die Arbeit transparent machen und geordnete Informationen mit aktuellen (!) Daten am Schwarzen Brett weitergegeben werden, dann erfüllt der Eingangsbereich seinen Zweck. Er besteht darin, einen guten ersten Eindruck von einer eindrucksvollen Pädagogik zu vermitteln.

2.2.4 Pflege einer Spielkultur

Das Spiel ist gewissermaßen der Beruf der Kinder, weil sie mit ihm Erfahrungen sammeln, Zusammenhänge kennenlernen, eigene Fertigkeiten entwickeln, Fähigkeiten ausbauen, Gefühle erleben, Kräfte konzentrieren, Erlebnisse verarbeiten, Ereignisse strukturieren und sich mit ihnen letztlich identifizieren. Schauen wir uns einmal die vielfältigen Spielformen an, überrascht es nicht zu hören, daß Kinder in diesem weiten Spielfeld all die Qualifikationen ganz nebenbei lernen, die für eine Gestaltung des Lebens erforderlich sind: Das Spiel schafft Auseinandersetzung mit sich selbst, Identität, Suche nach Antworten, Auseinandersetzung mit Realitäten; es provoziert Fragen, schafft Unruhe und Aufregung, erzeugt Spannung und läßt die Kinder schließlich in eine Zufriedenheit fallen, die glücklich macht. So gibt es Entdeckungs- und Wahrnehmungsspiele, Produktionsspiele zum Gestalten, Geschicklichkeits- und Konstruktionsspiele, Strategie- und Denkspiele, Interaktionsspiele, Finger-, Handpuppen-, Schatten- und Marionettenspiele, das darstellende Spiel, Sozialspiele zum Gemeinschaftsempfinden, Brettspiele, Entdeckungs-, Mobilitäts- und Emotionsspiele, Aggressionsspiele zum Austoben, das einfache, kollektive, soziale, freie, gelenkte und traditionelle Rollenspiel, Funktions- und Imitationsspiele und natürlich auch das Freispiel. Musik- und Theaterspiele, Sing-, Kreis- und Sportspiele runden die Übersicht ab. Jede Spielform hat für Kinder ihren besonderen Reiz und ihre besondere Bedeutung. Da das Spiel auf der einen Seite von ganz entscheidender Bedeutung für die gesamte Persönlichkeitsentwicklung eines Kindes ist und andererseits die Basis für einen dauerhaften Erwerb schulischer sowie beruflicher Fähigkeiten und Fertigkeiten darstellt, geht es darum, Spielbedingungen zum Auf- und Ausbau der Spielfähigkeit herzustellen bzw. zu sichern. Im einzelnen lebt eine Spielkultur davon, daß

- ausreichend Platz zum Spielen besteht;
- ein vertrauter Spielpartner in das Spiel integriert werden kann;
- aufgebaute Spielfelder selbstverständlich auch einmal für mehrere Tage stehenbleiben dürfen;
- Zeit zum ausgiebigen Spiel zur Verfügung steht;
- das Spiel so wenig wie möglich unterbrochen wird;
- Kinder mit den unterschiedlichen Spielformen vertraut werden können;
- Kinder einerseits attraktives Spielzeug zur Verfügung haben, andererseits aber nicht durch die Menge irritiert werden (getreu dem Motto von Maria Montessori: weniger das Viele als vielmehr das Wenige);
- sich Kinder gewissermaßen „sattspielen" können;
- Kinder immer wieder selbst Erfahrungen mit den Spielmaterialien machen dürfen, ohne daß Erwachsene sich zu früh einmischen;

— Spielmaterialien umgestaltet bzw. umgedeutet werden können;
— Spielerfahrungen von Kindern subjektiv erlebt und bewertet
   werden, so daß es kein „falsches" Spielen gibt;
— Erwachsene ein hohes Interesse am Spiel der Kinder zeigen;
— Erzieherinnen gemeinsam mit Kindern in aktiven Spielpro-
   zessen direkt beteiligt sind.

Wenn Kinder die Erfahrung machen, daß Erwachsene „nur"
beim Spielen zuschauen oder „nur" Spielanweisungen geben,
bestimmte Spiele ablehnen oder den Kindern „nur" Hinweise
für ein Spiel geben, ohne selbst mitzumachen, dann kann in
der Einrichtung keine Spielkultur entstehen. Spiele und Spiel-
handlungen sind für Kinder das wirkliche Leben, auch wenn
sie nur symbolisch ausgetragen werden. Dabei spüren Kinder
ganz deutlich, ob Erwachsene sich gedrängt fühlen mitzuspie-
len, eine gute Miene zum bösen Spiel machen, innerlich gar
nicht bei der Spielaktivität sind oder ob sie auch selbst vom
Spieleifer gepackt sind, durch das Spiel wieder selbst zum „spie-
lenden Kind" werden und es genießen, das Spiel wiederzuent-
decken. Erwachsene sind häufig durch die Überbetonung des
Denkens und durch die Sorge um ihre Wirkung auf andere
Menschen darauf bedacht, sich nicht lächerlich zu machen, ihr
Gesicht nicht zu verlieren, den Schein des Besseren zu wahren.
Das hindert sie oftmals daran, sich auf eine wirkliche Spiel-
ebene zu begeben und sich durch das Spiel (mit den Kindern)
faszinieren, ergreifen zu lassen. Spielkultur schafft damit eines
der wichtigsten Erfahrungsfelder für Kinder – und für Erwachsene. Dort, wo Spiele „pädagogisiert" werden, wo Spielaktivitä-
ten in „Lernspiele" umgedeutet sind und eine wirkliche Spiel-
freude der Kinder durch Spielvorschläge von Erwachsenen
kanalisiert werden soll, dort verliert das Spiel Stück für Stück

an Wert. Das Spiel(-en) ist ein für Kinder und Erwachsene unersetzliches Erfahrungs- und Erlebnisfeld, ohne das Menschen einen unwiederbringlichen Verlust erleiden müßten. Vielleicht liegt die Geringschätzung des Spiels darin, daß viele Erwachsene annehmen, daß das Spiel ein typisches Merkmal von Kindheit sei. Sie vergessen sehr schnell, daß es ein Phänomen des Lebens ist, unabhängig von Kulturen und unabhängig vom jeweiligen Alter eines Menschen. Spielkultur macht sich dort breit, wo Erwachsene wieder eine vielleicht längst verlorene Spiellust (!) spüren. Ob es Erwachsenen vielleicht schwerfällt zu spielen, weil sie in ihrem Leben darauf bedacht sind, nicht „aus der Rolle" zu fallen, daß sie sich nicht mehr zutrauen, das „personifizierte Böse darzustellen", oder fürchten, durch die Phantasie zu erleben, wie wenig phantasievoll das eigene Leben gestaltet wird? Erich Kästner hat einmal geschrieben: „Nur wer erwachsen wird und Kind bleibt, ist ein Mensch."

Spielkultur sorgt dafür, daß Erwachsene von Kindern als Spielkameraden erfahren werden, so daß die bekannte Rolle eines „übermächtigen Erwachsenen" an Geltung verliert. Ob es möglich ist, daß manche Erwachsene vor diesem Prestigeverlust Angst haben? Stellen Sie sich vor, Sie selbst rutschen auf Händen und Knien als Dampflock oder ICE durch den Raum, ein Lockführer sitzt auf Ihnen, und ein Anhänger hängt sich beim Fahren an Sie. Plötzlich geht die Türe auf, und Eltern schauen herein. Was würden Sie tun:
- erschreckt aufblicken und aufstehen, um die Eltern zu begrüßen;
- eine Drehung vornehmen und als fahrender Zug den Eltern anbieten, sich als Waggon anzuhaken;
- vor Schreck in die Bauecke fahren und sich dort verstecken;
- herzhaft über die erstaunten Gesichter der Eltern lachen;

- die Eltern fragen ob sie eine Fahrkarte dabei haben oder beim Fahrkartenschalter erst eine Karte lösen müssen;
- flach auf den Boden fallen und sich ein Tuch über ihr Gesicht ziehen;
- mit den Eltern ein Fachgespräch über die Lernziele dieses Bewegungsspiels beginnen;
- einfach weiterspielen und sich auf die Bedürfnisse der Kinder konzentrieren?

Sicherlich sind einige der vorgenommenen Aussagen spaßig zu verstehen, und dennoch hat jede Antwort ihre Bedeutung darin, daß sie zeigt, wie wichtig Ihnen Spielkultur tatsächlich ist.

2.2.5 Pflege einer Werkkultur

Wenn Mitarbeiterinnen im Arbeitsfeld der Elementarpädagogik den Anspruch haben, den Kindergarten zu einem Ort erlebbarer Kultur werden zu lassen, dann ist es unumgänglich, auch das Thema „Basteln" anzusprechen. Es gibt zahllose Bücher zu diesem Bereich, und Erfahrungen zeigen, daß sich viele Mitarbeiterinnen davon begeistern lassen. An dieser Stelle soll der Gegensatz von „Basteln" und „Werken" dargestellt werden. Basteln ist eine Tätigkeit, die Erwachsene selbst in starkem Maße anspricht. Daraus folgt, daß sie auch den Kindern angeboten wird. So werden Fensterbilder, Mobiles, Fingerpuppen, Geschenke, Raumdekorationen u. a. mehr gebastelt, um vielleicht zwei Fliegen mit einer Klappe zu schlagen: Zum einen scheint es eine Tätigkeit zu sein, die „irgendwie" zum Kindergarten gehört, zum anderen werden bestimmte Lernziele damit für Kinder verknüpft, durch die diese beispielsweise zur Konzentration, Aufmerksamkeit, Genauigkeit und zu einer sinnvollen Beschäftigung finden sollen. Nun geht es in der Betrachtung *nicht* um die vielleicht angenommene Konsequenz, das Basteln fallenzulassen und nichts mehr mit Kindern zu machen, sondern um die inhaltliche Betrachtung dieser Tätigkeit und der gleichzeitigen Frage, ob es Alternativen dazu gibt. Dabei wird von folgenden Punkten ausgegangen:

- Kinder leben in einer stark konsumausgerichteten Welt, in der sie mit Spielmitteln und Medien regelrecht überfrachtet sind.
- Das Spielzeug der Kinder ist häufig nicht für längere Spielnutzung geeignet, weil die Verarbeitung vieler Spielmittel unterschiedlich starke Haltbarkeitsgrenzen hat.
- Wir leben in einer Zeit, in der heute etwas besonders „in" und morgen schon „out" ist. Bei der Flaschenindustrie gibt es den Ausdruck „ex und hopp" – etwas wird genutzt und nach Gebrauch weggeworfen.

Kinder machen dabei die Erfahrungen, daß vieles keinen bleibenden Wert mehr besitzt, Spielzeug jederzeit käuflich zu erwerben ist und das Neuste stets den höchsten Wert zu haben scheint. Um dieser Entwicklung bewußt entgegenzutreten, ist es notwendig, daß auch in der Elementarpädagogik überlegt wird, wodurch Kinder einen neuen Wert an Spielzeug erfahren, Materialien mit einem besonders hohen Wert versehen und schließlich wertschätzend damit umgehen.

Hand-werk, also die Herstellung von Produkten mit der Hand, begegnet uns heute häufig nur als Kunsthandwerk auf den unterschiedlichsten Ebenen oder durch Handwerksbetriebe, die es noch tatsächlich ausüben. Industrielle Techniken haben in den letzten Jahrzehnten alte Handwerkstechniken verdrängt und ließen und lassen sie immer mehr in Vergessenheit geraten. Ist heute etwa ein technisches Gerät defekt, lohnt es sich kaum noch, es zur Reparatur zu geben, weil die Stundenlöhne die Reparatur teurer machen als die Neuanschaffung eines Ersatzgerätes. Gleichzeitig beklagen Erwachsene zunehmend zwei Verhaltensmerkmale bei Kindern: Zum einen zeigen sie vermehrt Erfahrungs- und damit Sinnesverluste, zum anderen haben viele Kinder nur eine ausgesprochen geringe Belastbarkeit und Frustrationstoleranz.

Der Kindergarten kann dazu beitragen, diese „Lücken" teilweise zu schließen, indem Kinder die Möglichkeit erhalten, sinnverbundene (!) Sinneserfahrungen zu machen und gleichzeitig mit Ausdauer und Konzentration an einer für Kinder interessanten Tätigkeit zu verweilen. Sinneserfahrungen ergeben sich bei der Bearbeitung von Metall, Ton, Stein, Farbe, Holz, Textil und Leder, Wolle oder anderen Gestaltungsmaterialien. Mit ihnen können Kinder unter Hilfestellung von Erzieherinnen Produkte herstellen, die sie für sich oder für ein aktuelles Projekt brauchen: Puppen oder Teddybären, Tiere aus der Urzeit, Fahrzeuge aller Art, zahlreiche Musikinstrumente (Fadenreibtrommeln, Röhrenglokken, Vogelpfeifen aus Tonerde, Schrapstöcke aus Bambus, Trommeln aus Baumstammstücken, Netzrasseln und Windspiele, Trommelklappern und Summscheiben, Blecher- und Topftrommeln, Weidenpfeifen und mehrtönige Tonpfeifen, Bambus- und Rohrklarinetten, Rindenschalmeien und Hupen, Blastrichter und Mehrfachtrompeten, Schwirrhölzer und Schlagröhrenspiele, Muschel- und Gitterrasseln, Sieb- und Stampfrasseln, Windmaschinen und Nagelgeigen, Knattermühlen und Kurbelwalzen, Donnerräder und Donnerblechspiele, Schellenbänder und Xylophone, Metallophonwagen und Dosenmühlen, Klimperkästen und Kreuz-Kullerbahnen, Glaspauken und Gefäßlauten, Bogen- und Felgenharfen ...), Geheimkästen und Schatzkisten, Bilderrahmen und eigene Stempel(-kissen), Figuren und Pflanzen, Zauberstäbe und ganze Szenarien für weitläufige Spiele. Selbst Papier ist selbst herzustellen!

Kinder erleben diesen Umgang mit basalen Materialien sehr häufig als etwas Wundervolles, weil durch ihre Hände etwas entsteht, mit dem sie Arbeit, Interesse, Glück und Stolz verbinden. Es ist wirklich bitter zu erleben, daß die Elementarpädagogik diese Dinge sehr oft nicht mehr nutzt, auf der anderen Seite allerdings nach immer neueren Therapieformen ruft, um Kinder in ihrer Entwicklung zu stützen.

Wenn die Elementarpädagogik sich verstärkt auf eine bewußt gestaltete Werkkultur einließe und auf das Basteln sehr bewußt verzichtete, dann würde dies auch zu einer deutlichen Professionalisierung des Erzieherinnenberufs beitragen, indem das Wort „Basteltante" seine Berechtigung verlöre. Selbstverständlich gehören zu einer Werkkultur mit Kindern eine gut ausgestattete Werkbank (zusammengetragen durch entbehrbares Werkzeug von Eltern und Großeltern der Kinder, durch Sponsoring, durch eine Suchanzeige in der Tageszeitung etc.) und das Interesse von Erzieherinnen, sich auf eine Werkkultur einzulassen. Der Besuch von handwerklich orientierten Fort- und Weiterbildungsseminaren wäre dann ebenso selbstverständlich wie die Motivation, kleinere Reparaturen im Kindergarten selbst durchzuführen, wenn es beispielsweise um das Leimen von kaputten Möbelteilen, das Ersetzen von gesprungenen Kacheln oder Fliesen, das Dübeln oder um die Reparatur von kaputtem Spielzeug geht. Erzieherinnen sind Modell für Kinder, und es ist sicherlich nicht übertrieben, wenn die Schlußfolgerung gezogen wird, daß auch dadurch eine geschlechtsspezifische Erziehung (unbewußt und unbemerkt) geprägt wird, wenn Kinder die Erfahrung machen, daß bei allen Reparaturarbeiten eine Kraft von außen, sicherlich zumeist ein Mann, zu Hilfe gerufen wird. Es liegt in den Händen der Erzieherinnen, diese Tatsache zu manifestieren oder bewußt zu verändern. Wenn Kinder dabei mithelfen können, erleben sie sich als stark. Dazu ist dann kein besonderes Förderprogramm mehr nötig.

2.2.6 Pflege einer Eßkultur

Wir leben unbestritten in einer Zeit, in der bestimmte Verhaltensweisen, wie beispielsweise Hektik, Eile, Schnelligkeit und die Angst, etwas zu verpassen, größere Bedeutung erfahren als Ruhe, innere Einkehr, zeitintensives Genießen oder Geduld. Die Angst, etwas zu verpassen, an irgendeiner Stelle möglicherweise zu kurz zu kommen oder der letzte zu sein, veranlaßt viele Menschen, möglichst viele Erfahrungen in einer möglichst kurzen Zeit erleben zu wollen. Insofern ist es nicht verwunderlich, daß sich diese Schnellebigkeit in nahezu allen Lebensbereichen zeigt. Die Lebensgestaltung gleicht manches Mal einem Jahrmarkt, einer Kirmes, die mit den vielen Schaustellgewerben für eine begrenzte Zeit höchste Genüsse verspricht: an einer Stelle gilt es, für fünf Minuten ein Maximum an Erleben zu spüren, an anderer Stelle verlocken Lose zum großen Glück. Kaum ist ein „geiles Erlebnis" abgehakt, folgt schon das nächste.

Diese Lebensgestaltung hat inzwischen auch das Eßverhalten vieler Menschen erfaßt. Schnellrestaurants, tiefgefrorene Speisen, Dosen- und Tütengerichte oder Fertigmahlzeiten für die Mikrowelle überschwemmen den Markt, und in vielen Kindertagesstätten wird das Mittagessen aus irgendeiner Großküche angeliefert. Mögen die Speisen vielleicht noch so gut schmecken – es ist und bleibt eine Tatsache, daß das Essen immer mehr nur noch der reinen Befriedigung des Hungergefühls dient. Alles entspricht dem Motto: preisbewußt, rationell und sättigend. Wenn Kinder und Erwachsene solche Eßgewohnheiten pflegen, dann gehen ihnen elementare Erfahrungen verloren, die notwendig sind, das tägliche Essen wertzuschätzen. Gleichzeitig sind mit dem Speisen selbst viele Merkmale verbunden, die eine Eßkultur auszeichnen. Vielleicht erinnern Sie sich an ihre eigene Kindheit, sofern Ihre Mutter oder Ihr Vater mit Freude und Zeit für die gesamte Familie gekocht hat. Es war dann sicherlich etwas Besonderes, aus dem Kindergarten oder aus der Schule nach Hause zu kommen, und beim Öffnen der Haustür strömte Ihnen schon der Duft einer leckeren Speise entgegen. Der erste Gang führte dann vielleicht in die Küche, die Deckel der Kochtöpfe wurden gehoben, und man freute sich bei seiner Lieblingsspeise auf den Augenblick, in dem der Tisch gedeckt werden würde.

Es gibt viele kleine und große Unterschiede, wie ein Essen erlebt werden kann: Auf der einen Seite wird ein tiefgefrorener Kuchen in den Backofen gestellt und erhitzt; auf der anderen Seite kann ein Kuchen mit den unterschiedlichen Zutaten angerührt werden, und vielleicht bleibt etwas frischer Teig übrig, den man voller Genuß „vorschmeckt". Auf der einen Seite kann man eine Speise – eingeschweißt in einer Folie – in einen Kochtopf mit heißem Wasser erhitzen, auf der anderen Seite kann man selbst beim Kochen eines leckeren Essens dabeisein und zuschauen bzw. mithelfen und gleichzeitig erleben, wie ein köstliches Gericht entsteht.

Essen ist nicht nur etwas zur Befriedigung des Elementarbedürfnisses Hunger. Vielmehr sind dabei alle Sinne beteiligt, die uns Menschen zur Verfügung stehen. Es ist ein deutlicher Unterschied, ob wir beispielsweise ein Essen vorgesetzt bekommen, das vielleicht zerkocht, farblos oder geschmacksneutral weder unsere Augen noch unsere Nase bzw. unseren Geschmackssinn besonders beeindruckt, oder ob wir fasziniert eine Speise mit allen Sinnen genießen können.

Eine Eßkultur auf- und auszubauen bzw. zu pflegen umfaßt viele Facetten:

■ *Äußerer Rahmen:* Selbstverständlich macht es mehr Freude, gemeinsam mit anderen ein Essen zu genießen, sich einen Platz zu suchen, um neben einem Freund oder einer Freundin zu sitzen und sich während des Essens mit ihm bzw. ihr unterhalten zu können (wir Erwachsene ziehen es doch auch vor, unsere Plätze an einem Tisch selbst zu wählen, anstatt einer Order zu entsprechen, sich hier oder dort neben einer bestimmten Person niederlassen zu müssen). Und schon am Tisch selbst beginnt die Vorfreude, etwa dadurch, daß eine saubere Tischdecke mit ansprechenden Mustern den Tisch bedeckt, daß Stoffservietten zur Verfügung stehen, daß Porzellangeschirr oder Holzbrettchen als Einladung zum Essen dienen und schließlich die Speisen selbst auf Schalen bzw. in Schüsseln angereicht werden. (Stellen Sie sich einmal etwas Gegenteiliges vor: Sie besuchten ein Restaurant und der Ober bringt Sie zu einem resopalbeschichteten Tisch. Nach dem Bringen des Essens füllt er Ihnen den Teller, wobei er keine Rücksicht darauf nimmt, wieviel Sie essen möchten bzw. ob Ihnen das Essen überhaupt schmeckt.) Eßkultur besteht eben auch darin, zunächst etwas zu schmekken, ein persönliches Geschmacksurteil zu fällen und dann zu entscheiden, ob man davon etwas essen möchte und welche Menge man sich wünscht.

■ *Vorbereitung:* Es ist ein besonderes Erlebnis für viele Menschen, sich vorab auf das Essen zu freuen. Das kann in Kindergärten und Kindertagesstätten beispielsweise dadurch geschehen, daß
– Kinder aktiv an der Auswahl und Festlegung der Speisen beteiligt werden und ein Speiseplan aushängt;

- Kinder und Erwachsene gemeinsam so oft wie möglich miteinander einkaufen bzw. an der Speisevorbereitung mitarbeiten;
- Erwachsene mit Kindern Produkte aus dem eigenen Garten verwenden;
- Kinder sich in der Küche aufhalten können, um die Zubereitung zu beobachten bzw. mitzuhelfen.

▪ *Das Essen selbst:* Kinder haben – ähnlich wie Erwachsene – sehr unterschiedliche Eßzeiten und Eßgewohnheiten. Im Gegensatz zu einem freien Frühstück, bei dem Kinder selbstverständlich entsprechend ihrem subjektiven Hungergefühl den Zeitpunkt selbst wählen können – vielleicht in Absprache mit ihrem Freund oder ihrer Freundin –, ist das Mittagessen eine möglichst gemeinsame Sache. Sowohl beim freien Frühstück als auch beim Mittagessen spielt der Faktor Zeit eine wesentliche Rolle, weil Essen etwas Genußvolles ist. Hier gilt es, den Genuß der Speise mit dem kommunikativen Aspekt zu verbinden. Es wird sicherlich viel vom Vormittag zu erzählen sein, Vorhaben können geplant und Absprachen getroffen werden. Regeln aus der „schwarzen Pädagogik" haben bei einer gepflegten Eßkultur keinen Platz. So hieß es beispielsweise in früherer Zeit: „Beim Essen spricht man nicht!", oder: „Es wird alles aufgegessen, was auf dem Teller liegt!" Es ist statt dessen mit Kindern abzusprechen, gemeinsam zu beginnen, sich einen guten Appetit zu wünschen und auch gemeinsam zu enden, soweit sich die Eßzeit der Beteiligten annähert. Mögen manche etwas schneller essen und andere wiederum mit sehr viel Zeit, so ist es hilfreich, eine gemeinsame Absprache zu treffen, wie in diesem Fall verfahren werden soll. Das Abräumen des Geschirrs bildet den Abschluß, so daß danach die Tische wieder in den weiteren Alltag eingebunden werden können.

Eßkultur zeigt sich weniger in dem von Erwachsenen geprägten Dogma, dem Anspruch einer gesunden Ernährung zu entsprechen, noch in dem im Erwachsenen geprägten Anspruch einer kräftigen, regelmäßigen Nahrungsaufnahme. Vielmehr wird an den Orten eine Eßkultur gepflegt, wo Essen mit Genuß, Zeit und Unterhaltung, Mitsprache und Teilnahme, Lachen und Staunen, Probieren und mit einer Ausgewogenheit der Nahrung möglich ist. Das betrifft sicherlich nicht nur das gemeinsame Essen der Erzieherinnen mit den Kindern, sondern auch das Eßverhalten der Erwachsenen außerhalb des Kindergartens. So ist es mehr als unglaubwürdig, wenn auf der einen Seite in Anwesenheit von Kindern darauf geachtet wird, weder Süßigkeiten noch Fastfood in die Einrichtung mitzubringen, auf der anderen Seite aber in Abwesenheit von Kindern diese Speisen zum alltäglichen Nahrungsplan gehören. Häufig genug hat es der Autor bei Supervisionssitzungen oder Fortbildungsveranstaltungen erlebt, daß solche Dinge als „Nervennahrung" auf den Tischen standen. Eßkultur hört sicherlich nicht dort auf, wo Kinder keinen Einblick haben können bzw. dürfen. Sie ist Teil einer Einstellung, die erst dann an wirklicher Bedeutung zunimmt und akzeptiert werden kann, wenn sie von den erwachsenen Personen verinnerlicht wurde. Andernfalls sind es gespaltene Einstellungen, die im Sinne einer „gelebten Stimmigkeit" nicht miteinander zusammenkommen können.

2.3 Kulturerleben statt Kulturvermittlung

In den vorangegangenen Ausführungen wurde versucht, Werte und Kulturaspekte in der Elementarpädagogik zu verdeutlichen und besonders herauszustellen. Nun gibt es verschiedene Möglichkeiten, diese Merkmale umzusetzen. Auf die Frage, wie dies am besten geschehen könne, antworteten einige Erzieherinnen wie folgt:

■ „Werte können nur vermittelt werden, wenn sie zu einem ganz festen Bestandteil der Pädagogik gehören. Damit meine ich nicht, den Kindern etwas von Kultur zu erzählen, sondern sie in der täglichen Praxis fest zu integrieren. Kinder beobachten uns Erwachsene, wie wir uns verhalten, wie wir miteinander sprechen und aufeinander zugehen. Werte drücken sich im praktischen Leben aus, und dabei kommt es vor allem darauf an, wie wir sie selbst umsetzen."

■ „Wenn ich mich umschaue, erlebe ich überall einen Werteverfall. Im Fernsehen werden brutale Filme gezeigt, in denen die Aggression nicht mehr zu steigern ist. Menschen reden immer weniger miteinander, sondern verfolgen lediglich eigene Ziele. Es geht ihnen nur um das persönliche Glück, um ihre eigene Zufriedenheit. Wenn Kinder das und vieles mehr mitbekommen, wundert mich der Werteverfall in keiner Weise. Wir sehen es daher als oberste Pflicht an, den uns anvertrauten Kindern kulturelle Werte zu vermitteln. Wenn sich Kinder miteinander streiten, greifen wir das auf und reden mit ihnen, um sie zu sozialerem Verhalten anzuregen. Wir haben ferner noch eine feste Frühstückszeit, in der alle Kinder an einem Tisch sitzen und ihr Essen zu sich nehmen. Wenn Kinder das Spielzeug nicht abgeben wollen, versuchen wir ihnen in einem ruhigen Gespräch klarzumachen, daß auch das Teilen zu unserem Leben gehört."

■ „Wir haben uns im Team schon vor längerer Zeit darüber unterhalten, was es heißt, kulturelle Werte im Kindergarten weiterzugeben. Das war eine lebendige Diskussion. Die einen meinten, wir müßten noch mehr Regeln und Grenzen setzen, damit Kinder eine Festigkeit in unserem Verhalten erleben, andere wiederum haben die Ansicht vertreten, daß Kultur dadurch nicht von Kindern erfahren werden könne. Vielmehr geht es darum, daß wir Kultur in unsere Einrichtung zunächst verstärkt hineingebracht haben, damit wir alle – Erwachsene und Kinder – daran teilhaben können. Ich nenne Ihnen ein Beispiel: Früher legten wir ganz großen Wert auf Sauberkeit und Ordnung. Dabei haben wir vergessen, daß Kinder auch mal gerne matschen und sich dreckig machen, gefundene Schätze von Spaziergängen mitbringen wollten, um sie im Kindergarten näher zu untersuchen oder dann nach Hause zu nehmen, bei Bedarf auch mal ein paar Möbel umrücken wollten, um zu ihrem Spiel zu finden. Das haben wir ihnen früher verstärkt untersagt. Inzwischen machen wir die Erfahrung, daß durch die Veränderung von starren Reglementierungen das Spiel der Kinder viel lebendiger und vielfältiger geworden ist. So gehört für uns zur Spielkultur die Vergrößerung des Freiraums der Kinder und unsere eigene Beteiligung beim Spiel."

„Kultur im Kindergarten ist für uns alle zu einem wichtigen Erziehungsbereich geworden. Dabei ist uns klar, daß wir Kinder selbstverständlich nicht zu einem Kulturerleben führen können, wenn wir sie noch stärker lenken oder in eine Richtung dirigieren, sondern indem wir gemeinsam mit ihnen Kultur praktizieren. Beim Essen beispielsweise ist der Tisch mit einer hübschen Decke geschmückt, es stehen fast immer frische Schnitt- oder blühende Topfblumen auf dem Tisch, jedes Kind hat seine eigene Stoffserviette, und statt der früher üblichen Plastikteller und -tassen sind heute die Geschirrteile alle aus Porzellan. Das Essen wird den Kindern nicht mehr von uns Erwachsenen auf ihre Teller gefüllt, bzw. die Töpfe werden nicht mehr auf die Tische gestellt, sondern alle Speisen werden in Schüsseln gereicht. Beim Mittagessen fangen wir gemeinsam an zu essen, wenn das letzte Kind sich die Speisen auf den Teller genommen hat. Wir wünschen uns einen guten Appetit, und dann geht's los. Wir pflegen unsere Eßkultur auch dadurch, daß wir immer eine Woche im voraus mit den Kindern und der Küche gemeinsam einen Speiseplan aufstellen. Das ist nicht einfach, klappt aber immer besser."

■ „In den wöchentlichen Kinderkonferenzen haben die Kinder und wir Erwachsenen die Möglichkeit, die besonderen Vorkommnisse der Woche zu besprechen. Jedes Kind kann sagen, was ihm besonders gefallen hat, was es nicht gut fand, worüber es ärgerlich oder traurig war und wie es Situationen möglicherweise verändert sehen möchte. So beteiligen wir die Kinder ganz aktiv. Sie lernen, ihre Anliegen und Gedanken zu formulieren und auszudrücken, sie hören einander zu und warten ab, bis sie die Möglichkeit bekommen, selbst zu sprechen. Anfangs war es für viele Kinder ungewohnt. Jetzt fragen uns die Kinder schon, wann denn wieder ‚Konferenz' sei. Das ist für uns alle eine praktizierte Form der Umgangskultur in einer Demokratie."

Kultur kann auf eine sehr unterschiedliche Art und Weise in Kindertageseinrichtungen zur Praxis werden. Auf der einen Seite gibt es formale Kriterien; sie wären Ausgangspunkt für eine „offizielle Wertevermittlung" und hießen beispielsweise:

■ Weil das Spielzeug neu angeschafft wurde, muß ein sorgsamer Umgang damit verbunden sein.

■ Weil es im Kindergarten geordnet zugehen soll, sind diese oder jene Regeln zu beachten.

■ Weil es für die Sozialentwicklung der Kinder günstig ist, gilt eine feste Frühstückszeit.

- Weil beim Matschen die Kleidung schmutzig werden kann, wird der Umgang mit Sand, Erde und Wasser eingeschränkt.
- Weil es regnet und dabei die Kleidung naß wird, bleiben alle im Kindergarten und gehen erst dann raus, wenn der Regen aufgehört hat.
- Weil ein bestimmtes Fest im Kirchenjahr ansteht, wird es auch gefeiert.
- Weil der Pfarrer bzw. die Gemeinde erwartet, daß aus gegebenem Anlaß ein Theaterstück von den Kindern aufgeführt werden soll, wird es mit ihnen einstudiert und geübt.
- Weil es beim Essen ruhig zugehen soll, wird die Regel aufgestellt, beim Essen nicht zu sprechen.
- Weil „Naturerziehung" ein wichtiges Thema für Kinder im Kindergartenalter ist, werden Hochbeete, Weidentipis und Kräuterspiralen im Garten angelegt.

Das Gemeinsame dieser Aufzählung besteht darin, daß immer wieder bestimmte Annahmen bzw. pädagogische Dogmen der Ausgangspunkt für die jeweiligen Begründungen eines Vorhabens sind, um dieses oder jenes zu tun. Gleichzeitig finden wir in der Elementarpädagogik – sowohl in den Aussagen von Fachkräften als auch in Konzeptionen – die zentrale Anmerkung, daß Kinder im Mittelpunkt der Arbeit stehen. Hier ergibt sich ein deutlicher Widerspruch.

Auf der anderen Seite gibt es sinnverbundene Kriterien für ein aktives, zeitlich unabhängiges und grundsätzlich vernetztes Denken und Erleben von Werten, das Tag für Tag, Woche für Woche zur alltäglichen Realität werden kann. Notwendig ist dabei eine Entscheidung, ob kulturelle Werte wie anfangs erwähnt vermittelt oder wie in folgenden Beispielen vorgestellt zur Alltagspraxis werden. Sinnvoll ist

– eine grundsätzliche Spielzeugreduzierung (als gelungene Alternative zum sogenannten „Spielzeugfreien Kindergarten auf Zeit");

– eine grundsätzliche Auswahl von Spielzeug, mit dem Kinder nach Herzenslust hantieren können. Zerbrochene, defekte Spielmittel werden selbstverständlich immer mit Kindern gemeinsam repariert (als erlebbare Wertschätzung von Gegenständen);

– die gemeinsame Herstellung anspruchsvoller Musikinstrumente (als gelungene Alternative zum Basteln irgendwelcher kleiner Musikgegenstände oder zum Orffschen Musikwerk, das wegen der hohen Anschaffungskosten bei Nichtgebrauch sorgsam weggeschlossen wird);

– eine grundsätzliche, wertbeständige Absprache von sinnvollen Regeln in regelmäßigen Kinderkonferenzen (anstelle von korrigierenden Inputs durch die Erzieherinnen);

– eine gleitende Frühstückszeit für Kinder und Erwachsene in einem mit Kindern gemeinsam hergerichteten Kindercafé, in dem sich alle entsprechend ihrem subjektiven Hungerbedürfnis einfinden können);

– die Bereitstellung unterschiedlicher Kleidungsstücke, mit denen Kinder im Sommer und Winter, bei Schnee, Regen oder Sonnenschein nach draußen gehen können, um die Natur ganz selbstverständlich vor Ort zu erleben;

– die Integration von Festen und Feiern in laufende Projekte (als sinnvolle Alternative zu aufgesetzten „high-lights");

– die Bereitstellung von Rückzugsmöglichkeiten für Kinder, die müde sind – beispielsweise durch ein gemütliches Schlafzelt im Garten oder ein Kuschelnest in einer freien Raumecke;

– eine grundsätzlich ausgewogene Ernährung, in der weder Erwachsenendogmen noch andere Machtansprüche auf Kinder übertragen werden;

- der Hinweis auf Beispiele, die verdeutlichen, was Menschen alles an Unheil und Zerstörung anrichten können, was es heißt, das Eigentum anderer nicht wertzuschätzen, oder was es bedeutet, mit anderen Menschen schlecht umzugehen;
- die bewußte Pflege einer Sprech- und Sprachkultur, um Kindern eine lohnenswerte Alternative zu Kraft- und Ohnmachtsausdrücken vorzuleben;
- die Bewunderung ästhetischer Dinge im Alltag – von guter Handwerksarbeit bis hin zu ansprechenden Hausfassaden, von kleinen Einmaligkeiten in der Tier- und Pflanzenwelt bis hin zu kunstvollen Einbänden schöner Bücher;
- das Zeigen von Geduld und Aufmerksamkeit, damit die Kinder erleben, was es bedeutet, mit Zeit und Ruhe eine Beziehung zu pflegen;
- auf Ungerechtigkeiten und Widersprüche hinzuweisen, um Kindern die Widersprüche in dieser Welt zu zeigen;
- die Entlarvung von Vorurteilen, um mit Kindern die Erfahrung zu machen, was Vorurteile anrichten können.

Es ist sicherlich nicht hilfreich, Kindern etwas „einimpfen" zu wollen. Aber es ist notwendig, Kinder auf eine Art und Weise mit kulturellen Werten in eine Beziehung zu bringen, bei der sie die Möglichkeit haben, sich damit auseinanderzusetzen. Das schließt nicht aus, daß Kinder auch mit eigenem oder fremdem Verhalten, mit z. B. destruktiver Tendenz, konfrontiert werden.

Eine sogenannte „liebevolle Erziehung" mit dem Ziel, traditionelle Werte zu vermitteln, reicht nicht aus, daß Kinder sich mit wesentlichen kulturellen Werten auseinandersetzen. Gleichzeitig ist eine Pädagogik auf der Grundlage von Zwang oder Angst noch weniger geeignet, kulturelle Werte zu vermitteln. Vielmehr geht es zunächst um eine deutliche Wertediskussion im Kolleginnenkreis, die eigene Verinnerlichung basaler Werte und um eine deutliche, engagierte, klare und stimmige Berücksichtigung dieser Werte in der Praxis. Die Umsetzung solcher Vorhaben hängt in besonderem Maße von den Kompetenzen der Erzieherinnen ab, indem Werte mit einer Bedeutung belegt, erlebt und schließlich (vor-)gelebt werden.

2.4 Ausblick

Erzieherinnen erwerben ihre berufliche Qualifikation durch ihre mehrjährige Berufsausbildung an staatlich anerkannten Fachschulen bzw. -akademien. Darüber hinaus tragen Fort-, Weiter- und Zusatzausbildungen dazu bei, die eigene Tätigkeit zu überdenken, neue Handlungsstrategien zu entwickeln sowie besondere Fähigkeiten auf- und auszubauen, um den vielfältigen Ansprüchen Rechnung zu tragen. Gleichzeitig gehen aber auch immer persönliche Interessen und Neigungen in den Beruf mit ein. Schließlich sind es auch besondere Kindheitserfahrungen und -erinnerungen sowie besondere biographische Erlebnisse und Ereignisse, die eine Erzieherin in ihrem Berufsbild und den eigenen Erwartungen an sich selbst, an die Kinder und die Eltern prägen.

Wenn zutrifft, daß das persönliche und pädagogische Handeln einer Erzieherin im weiten Spannungsfeld vielfältiger, sich ständig verändernder und widersprüchlicher Erwartungen abläuft, besteht immer die Gefahr, sich nach besonders ausgeprägten Erwartungen zu richten. Dabei kann es geschehen, daß eigene Ziele und Schwerpunkte aus den Augen verloren werden oder vielleicht sogar aufgegeben werden (müssen). Denken wir dabei nur an bestimmte, massive Forderungen einiger Eltern oder strukturelle Bedingungen im Arbeitsfeld der Elementarpädagogik. Trotz allem führt kein Weg daran vorbei, sich diesen Spannungen zu stellen und Lösungsmöglichkeiten zu finden, um dem Anspruch des Berufsbildes zu entsprechen,

- in erster Linie Partnerin des Kindes zu sein;
- stets im primären Sinne als Anwältin der Interessen von Kindern zu handeln;
- insbesondere für die Verbesserung von Lebensbedingungen von Kindern einzutreten, unabhängig von ihrem Alter, ihrer Weltanschauung und Religion, ihrer sogenannten Schichtzugehörigkeit und ihrer Nationalität;
- die Berechtigung der Ansprüche, die an einen gestellt werden, kritisch zu überprüfen;
- Entscheidungen für das pädagogische Handeln auf der Grundlage einer kritischen Auseinandersetzung sowohl mit den pädagogischen Traditionen als auch mit aktuellen wissenschaftlichen Erkenntnissen und bildungspolitischen Strömungen zu treffen;
- die Gesamtentwicklung eines Kindes zu berücksichtigen und die besonderen Entwicklungsbedürfnisse von Kindern, ihre Lebenssituationen und die besonderen Entwicklungsaufgaben im Blick zu behalten.

Eine Grundvoraussetzung für die Umsetzung dieser anspruchsvollen Aufgabe ist die besondere Wertschätzung und Achtung der Persönlichkeit. Das konkrete Handeln erlaubt es, gemeinsam mit Kindern einen Lebens- und Erfahrungsraum zu gestalten, in dem sich Kinder verstanden und geborgen fühlen, Bedürfnisse und Gefühle ausgedrückt werden können, Konflikte konstruktiv gelöst werden, Zutrauen in eigene Fähigkeiten entwickelt und das Umfeld aktiv erforscht werden kann. Damit bauen Kinder eine Identität auf, von der sie ein Leben lang profitieren können.

Pädagogik im Arbeitsfeld der Kindertagesstätten braucht sich
in ihrer Bedeutung hinter keiner anderen pädagogischen oder
psychologischen Disziplin zu verstecken. Im Gegenteil: Es geht
um eine offensive Transparenz der Ziele, Aufgaben und ihrer jeweiligen Bedeutung. In einer Welt, in der Kinder immer mehr
und intensiver zum Spielball einer Erwachsenenwelt, zum Kon-
sumgut einer riesigen Industriemaschinerie erklärt und zu me-
dienbeeinflußten Objekten werden, brauchen sie immer stärker
einen inneren Halt, der durch Sicherheit und Orientierung gekennzeichnet ist. Wo Kinder durch die weiten Maschen der Politik hindurchfallen und beispielsweise von Institutionen und einigen Verbänden sowie von manchen Erwachsenen teilweise zur
eigenen Profilierung genutzt und damit in ihrer Individualentwicklung beeinträchtigt werden, ist es mehr denn je nötig, daß
Erzieherinnen Kindern dabei helfen, ihr Recht auf eine stabile
Persönlichkeitsentwicklung zu bekommen.

Um diesen festen Willen und die große Verantwortung für Kinder
zu dokumentieren, wird vorgeschlagen, daß alle pädagogischen
Mitarbeiterinnen eine berufsethische Verpflichtung mit Beginn ihrer Berufstätigkeit unterzeichnen, ähnlich wie Ärzte oder Psycho-
therapeuten, die in den großen Therapieverbänden Deutschlands
organisiert sind. Mit einer solchen berufsethischen Verpflich-
tungserklärung dokumentieren sie vor sich selbst, den Kindern
und Eltern, dem Träger, der Politik und der Öffentlichkeit ihre Bereitschaft und ihren festen Willen, sich klar, konsequent und stimmig für eine professionelle Pädagogik einzusetzen. Vielleicht ist es
aber die Konsequenz der Entscheidung, Verantwortung für sich
und die Entwicklung von Kindern zu übernehmen.

Diese berufsethische Verpflichtung würde dann ein fester Bestandteil des Anstellungsvertrages werden. Ein wesentlicher Vor-
teil läge darin, daß die Mitarbeiterinnen sich ohne Sorgen um

ihren Arbeitsplatz für die Rechte von Kindern einsetzen könnten und Träger die Verpflichtung hätten, für die notwendigen Umsetzungsmöglichkeiten zu sorgen. Gleichzeitig würden politische Mandatsträger bei ihren Entscheidungen dafür Sorge tragen (müssen), daß Arbeitsbedingungen arbeitnehmerinnenfreundlicher und kindorientierter würden. Selbstverständlich wäre es aber auch eine Konsequenz, daß bei einer Nichtbeachtung dieser berufsethischen Verpflichtung seitens der pädagogischen Mitarbeiterinnen arbeitsrechtliche Schritte eingeleitet werden würden, um Mißstände konstruktiv zu verändern.

Berufsethische Verpflichtung der Erzieherinnen und anderer Mitarbeiterinnen in Kindertagesstätten:

Ich verpflichte mich – in Verantwortung vor Kindern und ihren Eltern, in Verantwortung vor mir, dem Träger und der Öffentlichkeit –,
daß ich auf der Grundlage meines Wissens um entwicklungspsychologische und -pädagogische Gesetzmäßigkeiten, in Kenntnis und Beachtung aktueller Kindheitsdaten und unter Berücksichtigung der Individualität eines jeden Kindes den Arbeitsalltag so gestalten werde, daß
– Wertschätzung und Achtung, Verständnis und Respekt den Kindern gegenüber zur täglichen Wirklichkeit gehören;
– individuelles Wachstum im Sinne einer individuellen Persönlichkeitsentwicklung der Kinder möglich wird;
– jedwede Form körperlicher, seelischer oder geistiger Vernachlässigung durch Machtmißbrauch abgelehnt wird;
– Kinder in ihrer Würde weder direkt noch indirekt verletzt werden;
– Kinder an allen Entscheidungsfindungen beteiligt sind.

Dort, wo ich Unrecht – innerhalb oder außerhalb der Kindertagesstätte – an Kindern beobachte, werde ich direkt, offen und
mutig dafür eintreten, daß sich Unrecht an Kindern in Recht
wandelt.
Ich werde Tag für Tag versuchen, Kinderrechte zu gewährleisten: entsprechend den Artikeln der UN-Charta „Rechte des
Kindes".
Ich werde den „eigenen Entwicklungszeitraum Kindheit" jedem
Kind zugestehen und mich mit Erwachsenenratschlägen, mora-
lisierenden Äußerungen oder Lenkungen zurückhalten, um
meine eigenen Vorstellungen nicht zu denen der Kinder zu
machen. Statt dessen will ich Moderatorin, Vorbild und Modell
sein, um Kindern klare Orientierungen vorzuleben. Ich verpflichte mich daher, kontinuierliche Selbsterfahrung und
Supervision der Arbeit wahrzunehmen und mich als ständig
lernende Person zu begreifen, für die Starrheit zum Fremdwort
und statt dessen Neugierde, Sensibilität, Fachkompetenz und
persönliche, pädagogische und politische Wachheit zu wesentlichen Merkmalen werden.

Sicherlich ist es interessant, diese berufsethische Verpflichtung
einmal in der Mitarbeiterinnengruppe zu diskutieren, um konstruktiv zu prüfen,

– was an Einzelaussagen vielleicht schwer umzusetzen ist und
  an welchen Stellen (mit welchem Hintergrund) die größten
  bzw. heftigsten Auseinandersetzungen stattfinden;
– aus welchem Grund diese berufsethische Verpflichtung
  „Theorie" bleiben muß bzw. was gegen eine Nutzung in der
  Praxis spricht.

Es ist immer besser,
ein altes Haus zu renovieren
als darauf zu hoffen,
daß es in Zukunft
keinen Regen und keinen Sturm
geben wird.

(Armin Krenz)

Nachwort

Sie haben nun das Buch gelesen. Sicherlich gehen Ihnen viele Gedanken durch den Kopf. Die Absicht des Buches ist die, Sie persönlich anzusprechen, um etwas zu bewirken! Es kann sein, daß Sie bei manchen Ausführungen zustimmen konnten, weil bestimmte Situationen angesprochen wurden, die Sie kennen. Die Beispiele und Vorschläge zur Veränderung der Praxis stammen direkt aus eigenen Beobachtungen in vielen Kindergärten. Dann ist es möglich, daß Sie manche Ausführungen am liebsten in Ihrer Praxis umsetzen möchten. Doch Vorsicht! Ich erlebe immer wieder, daß vorschnelle Veränderungen manche Mitarbeiterinnen in Rage versetzen nach dem Motto: „Nun hat die Kollegin etwas gelesen und meint, sofort was Neues ausprobieren zu müssen." Niemand hat es gerne, wenn plötzliche Neuerungen zur Pflicht für andere erklärt werden. Das schafft Unruhe und Ärger. Besser ist es, einzelne Gedanken im Kolleginnenkreis vorzustellen und mit allen zusammen zu diskutieren.

Vielleicht haben Sie bei anderen Ausführungen den Kopf geschüttelt und sich gesagt, daß es bei Ihnen vor Ort ganz anders aussieht. Nun, so unterschiedlich die Menschen sind, so unterschiedlich sind auch die Kindertagesstätten. Das Buch erhebt daher sicherlich nicht den allumfassenden Anspruch, immer in die Mitte des Kerns gestoßen zu sein. Doch vielleicht kann in einer Ablehnung auch ein Funken Wahrheit stecken. Es gibt immer wieder Situationen, bei denen man zunächst eine Abwehr aufbaut: „Das sehe ich anders. Das stimmt so nicht. Das kann man doch auf diese Art und Weise nicht sagen." Eine solche Abwehr, je heftiger sie ist, ist nicht selten ein Schutz, der dann zum Tragen kommt, wenn sich bestimmte Seelenmerkmale entdeckt fühlen. Wichtig ist aber vor allem, daß Sie sich die Zeit genommen haben, das Buch zu Ende zu lesen, weil in den unterschiedlichen Kapiteln viele Querhinweise auf andere Schwerpunkte enthalten sind. Das Spannende ist sicherlich dabei, diese Sinnverbindungen zu suchen und immer wieder aufs neue zu entdecken.

Die Inhalte des Buches sind geprägt von einer hohen Anerkennung für diejenigen Mitarbeiterinnen, die sich dem Anspruch stellen, stets Lernende zu sein. Jedes Handwerk, ob in den Bereichen Holz, Metall, Einzel- oder Großhandel, der Elektronik oder einem anderen Arbeitsfeld, entwickelt sich in einem kontinuierlichen Prozeß weiter. Dasselbe gilt für das „Handwerk Pädagogik". Wenn die beiden wichtigen Begriffe Professionalität und Identität in der Kindertagesstättenarbeit greifen sollen, ist es unumgänglich, sich zunächst der eigenen Person zuzuwenden, sich den Stärken und Schwächen der Persönlichkeit zu stellen und nach Wegen zu suchen, die eigene Entwicklung voranzutreiben. Das ist zwar ein anstrengender und teilweise recht mühsamer, aber auch ein spannender, lebendiger und mit Überraschungen versehener Weg. Dabei darf selbstverständlich nicht vergessen werden, nach schwerer Arbeit auch einmal eine Pause einzulegen, Erfolge zu genießen und mit Stolz auf die Entwicklungen zurückzublicken, die für eine Bewegung in der Pädagogik gesorgt haben. Gleichzeitig kann es eine Aufforderung sein, mit dieser neuen Kraft das nächste Ziel zu formulieren und voller Elan – oder auch mit gebremster Kraft – nach vorne zu schauen.

Wenn – wie im Vorwort erwähnt – auch wir die Verfasser der anderen Menschen sind, und wir eine heimliche und unentrinnbare Einflußnahme auf andere ausüben, gleichzeitig die Verantwortung dafür tragen, dann sind wir alle zunächst mit uns selbst konfrontiert. Wir haben es in der Hand, unsere Entwicklung und die der anderen zu fördern oder zu hemmen, zu unterstützen oder zu bremsen, zu begleiten oder zu stören, zu pflegen oder zu unterbinden. Wenn es die Inhalte des Buches geschafft haben sollten, Ihre Gedanken und Ihre Gefühle zu berühren, dann hat diese Publikation ihren Sinn erfüllt. Wenn Sie durch bestimmte Textteile aufgewühlt und durcheinandergebracht wurden, dann trafen die Worte wahrscheinlich ins Schwarze. Und wenn Sie auf eine Frage gestoßen sind, die nicht beantwortet wurde oder die Sie selbst nicht beantworten können, dann schreiben Sie einfach einen Brief (Anschrift: siehe Impressum). Ich wünsche Ihnen weiterhin viel Freude bei der spannenden Arbeit, sich, Kinder und die vielen Dinge dieser Welt immer besser zu verstehen, Konsequenzen abzuleiten und in die Praxis umzusetzen, damit Werte und eine gepflegte Umgangskultur eine hohe Bedeutung erfahren.

Kommentierte Literaturhinweise

Berry, Carmen R.: Die Erlöser-Falle. Lust und Frust der Helfer-Typen, München 1990.

Mitarbeiter und Mitarbeiterinnen im psycho-sozialen und pädagogischen Arbeitsfeld haben unterschiedliche (Hinter-)Gründe, den Beruf eines „Helfers" bzw. einer „Helferin" auszuüben. Um eine professionelle und kompetente Pädagogik umzusetzen, bedarf es einer kritischen Auseinandersetzung mit der eigenen Berufsmotivation und der eigenen Biographie. Die Autorin beschreibt, was eine Erlöser-Falle ist, welche Verletzungen in der Kindheit nicht selten für den Berufswunsch ausschlaggebend sind, welche Persönlichkeitsmerkmale Erlöser oftmals in sich tragen, und schließlich stellt sie die sieben häufigsten Helfer-Typen vor: die Beglücker, die Retter, die Schenker, die Berater, die Beschützer, die Lehrer und die Kreuzritter. Sie weist weiterhin auf die Verletzungen durch Erlöser-Fallen hin, beschreibt aber auch Auswege, wie es möglich ist, dieser Erlöser-Falle zu entkommen.

Bradshaw, John: Familiengeheimnisse. Warum es sich lohnt, ihnen auf die Spur zu kommen, München 1997.

In der pädagogischen Arbeit geht es darum, andere Menschen auf ihrem Weg und ihrer Suche nach Selbständigkeit, Unabhängigkeit und Solidarität aktiv zu begleiten. Voraussetzung ist ein hohes Maß an Offenheit und Freiheit im Umgang mit sich selbst. Der Autor (Theologe und Psychologe) mahnt in deutlicher Weise die Aufgabe an, sich mit der Geschichte der eigenen Herkunftsfamilie auseinanderzusetzen und dabei besonders den Erlebnissen auf die Spur zu kommen, die zu Hause nicht offen thematisiert wurden. Er stellt anhand vieler

Beispiele die Entstehung von Familiengeheimnissen vor, macht deutlich, welche Macht sie auf jeden einzelnen Menschen ausüben und wie sie erforscht und schließlich aufgedeckt werden können.

Braunmühl, Ekkehard von: Zur Vernunft kommen. Eine „Anti-Psychopädagogik", Weinheim und Basel 1990.

Pädagogische Fachkräfte tragen in einem nicht unerheblichen Teil dazu bei, daß Kindheiten immer mehr „verpädagogisiert" und „vertherapeutisiert" werden. Dies alles geschieht sicherlich immer in bester Absicht, um Kindern bei ihrer Entwicklung zu helfen. Mit der Zeit kann es aber passieren, daß die Verplanung von Kindheiten und Kindern eine Eigendynamik entwickelt und nur noch „Förderaspekte" bzw. „Veränderungserwartungen" im Vordergrund stehen. Der Autor weist auf diese gefährliche Zeiterscheinung hin. Das Buch versteht sich daher als Anregung und Chance für alle, die Interesse an der Verbesserung ihrer und der Lebensqualität anderer haben. Sein Buch ist ein Plädoyer für die Neuentdeckung basaler Werte im Umgang mit sich und den anvertrauten Kindern.

Hederer, Josef: Spannungsfeld Erziehung, München 1993.

Die Person der Erzieher steht in einem eng verknüpften Verhältnis mit der realisierten Pädagogik. Die Vielfalt der unterschiedlichen Erwartungen, tägliche Einflüsse und besondere Vorkommnisse, Zwänge und Abhängigkeiten üben einen (in-)direkten Einfluß auf die Arbeitsgestaltung und das Selbstverständnis der eigenen Person aus. Der Autor geht auf dieses Spannungsfeld ein, stellt Ziele und gleichzeitige Zielkonflikte in der Geschichte der Erziehung vor, behandelt Ideale und Idole und umreißt die vielen Einflußgrößen, die spannungsauslösend bzw. -fördernd sind.

Hoffmann, Nicolas: Seele im Korsett. Innere Zwänge verstehen und überwinden, Freiburg 1994.

Wenn pädagogische Fachkräfte den Anspruch an eine vorurteilsfreie Annahme von Kindern an sich selbst stellen, setzt dies voraus, ein großes Maß an innerer Freiheit zu besitzen. Viele Beobachtungen weisen aber auf Persönlichkeitsmerkmale bei Erwachsenen hin, die das Gegenteil offenbaren: Ängste, Pessimismus, Abwehr, fehlende Neugierde und Resignation scheinen zu einer neuen Zeitkrankheit zu werden. Der Autor, Leiter des Lehrinstituts für Verhaltenstherapie e.v. Berlin, gewährt einen Einblick in die Welt derer, die unter Ängsten stehen und ihr Umfeld bizarr wahrnehmen. Gleichzeitig bietet er mit seinen Ausführungen eine Orientierungshilfe für diejenigen, die gelassener werden wollen und ihre innere Sicherheit wiedererlangen möchten.

Hurley, Kathleen V. und Dobson, Theodore E.: Wer bin ich? Persönlichkeitsfindung mit dem Enneagramm, Freiburg 1994.

Erzieherinnen begleiten Kinder auf ihrer Suche nach ihrem Lebensweg und sind häufig selbst dabei, sich immer wieder bezüglich der eigenen Wege und Ziele zu suchen und zu finden. Das Enneagramm ist ein jahrtausendaltes Modell der Seelenkunde und bietet sich als Hilfe an, sein eigenes Persönlichkeitsmuster und das anderer Menschen zu entdecken. Es ist eine spannende und sehr lohnenswerte Aufgabe, sich der Frage zu stellen, zu welchem Typus man selbst gehört: zu den Perfektionisten, den Helfern, den Gewinnern, den Individualisten, den Beobachtern, den Mitstreitern, den Träumern, den Kämpfern oder den Bewahrern. Beide Autoren helfen sehr fachkompetent dabei, die neun Muster durch eine Lupe zu betrachten sowie Wege aus einengenden Mustern zu finden.

Kast, Verena: Sich wandeln und neu entdecken, Freiburg 3. Aufl. 1997.

Der Beruf der Erzieherin verlangt Flexibilität und Mut, weil der Alltag mit Kindern immer neue Herausforderungen mit sich bringt. So stoßen pädagogische Fachkräfte bei notwendigen Entscheidungen oftmals auf Widerstände und geraten in berufliche sowie persönliche Krisen, wenn es darum geht, wichtige Vorhaben umzusetzen. Doch gerade solche „inneren Kämpfe" eröffnen Wege des Wachstums, der Wandlung und Reifung. Zur Entdeckung solcher Prozesse lädt dieses Buch ein. Es geht darum, Lebenskraft, die vielleicht schon lange Zeit verschüttet war, freizusetzen für sich und in der Folge auch für andere, beispielsweise für Kinder und deren Eltern. Damit kann ein Aufbruch zu einer neuen Leidenschaft und zu neuen Tugenden möglich sein, wenn diese persönlichen Wandlungen gelingen.

Kirchner, Michael: Von Angesicht zu Angesicht. Janusz Korczak und das Kind, Heinsberg 1997.

Wenn Janusz Korczak über seine Sichtweise der Pädagogik mit Kindern geschrieben hat, hält er den Erwachsenen immer einen Spiegel vor, in dem sie sich selbst betrachten können und Fragen stellen, wieso gerade dieses Vorgehen in der Entwicklungsbegleitung hilfreich erscheint oder zum Scheitern verurteilt ist. Der Autor bringt mit seinen zehn Schwerpunktthemen das Wesentliche auf den Punkt: Er konfrontiert pädagogische Fachkräfte mit seiner gelebten Spiritualität, seiner „narrativen Pädagogik" und den hilfreichen Merkmalen einer Pädagogik, die wirklich vom Kinde ausgeht.

Klein, Ferdinand: Janusz Korczak. Sein Leben für Kinder – sein Beitrag für die Heilpädagogik, Bad Heilbrunn 1996.

Der Autor lädt mit seinem Buch Leserinnen und Leser zur Besinnung ein, grundlegende Anstöße zu Fragen des Lebens und der Pädagogik zu reflektieren. Er bleibt mit seinen Inhalten ganz nahe an der Pädagogik Korczaks. Immer wieder werden Gedanken und Ausführungen zitiert, referiert und sehr vorsichtig interpretiert. Dabei ist es möglich, den genuin erziehungswissenschaftlichen und erziehungspraktischen Anspruch zu entdecken und für die Elementarbzw. Heilpädagogik weiterzuentwickeln. Dadurch entsteht das Fragment einer für Erwachsene unbequemen Pädagogik, deren Grundlegungen und Zielsetzungen in der heutigen Zeit wichtiger denn je zu sein scheinen, um Kinder tatsächlich in ihrer Entwicklung verstehen und aktiv zu begleiten.

Kollwitz, Käthe: Aus meinem Leben. Ein Testament des Herzens, Freiburg 1992.

Den kleinen Leuten, ihrem Leben und Leiden, galt die ganze Sympathie von Käthe Kollwitz. Sie gehört sicherlich nicht nur zu den großen Künstlerinnen; sie ist eine der bedeutendsten Frauen unseres Jahrhunderts. Ihre Briefe und Tagebuchblätter sind eine Offenbarung tiefer Menschlichkeit, lebensklug, voll kritischer psychologischer Bewußtheit und mit tiefer Empfindsamkeit für das Wesentliche des Lebens. In dem Buch werden ihre großen humanistischen, auf Gerechtigkeit und Frieden ausgerichteten Ideale deutlich. Auch in den schwersten Zeiten ihres Lebens ging sie ihren ureigenen Weg, immer voller menschlicher Anteilnahme und Geradlinigkeit. Diese sehr persönlichen Tagebuchblätter sind voller Leben und können pädagogischen Fachkräften als Basis dienen, sich mit dem Wesentlichen der Pädagogik – den gelebten Beziehungen – auseinanderzusetzen.

Leman, Kevin und Carlson, Randy: Kindheitserinnerungen.
Der Schlüssel zu Ihrer Persönlichkeit, München/Landsberg 1994.

Kindheitserinnerungen sind der verborgene Schlüssel zur eigenen Persönlichkeit. Die Erinnerung an frühe Kindheitserlebnisse trägt dazu bei, die eigene Weltsicht, das Verhalten und die eigenen „Fallen" und „Schattenseiten" des Lebens besser zu verstehen. Die Auseinandersetzung mit (vielleicht bisher verdeckten) Kindheitserinnerungen hilft dabei, den eigenen Lebensplan, den roten Faden der Lebensgestaltung zu entdecken, warum die Entwicklung so und nicht anders geschehen konnte. Damit ist ein wesentlicher Schritt bei dem mühsamen Prozeß der Selbsterkenntnis unternommen. Die beiden Autoren erleichtern das Erinnern an längst verdrängte Erfahrungen und Situationen dadurch, daß sie präzise Aufgaben und Checklisten zur Verfügung stellen, mit deren Hilfe der Weg in die Vergangenheit aufgenommen werden kann.

Lifton, Betty Jean: Der König der Kinder. Das Leben von Janusz Korczak, Stuttgart 4. Auflage 1991.

Der polnische Arzt, Erzieher und Reformpädagoge Janusz Korczak lebte und starb mit den ihm anvertrauten Kindern. Die Autorin schildert sein bewegtes, faszinierendes und besorgtes Leben von der Kindheit bis zu seinem Tod, als er mit zweihundert „seiner" Waisenkinder ins Konzentrationslager Treblinka ging. Das Buch ist einerseits historisch genau, andererseits voll menschlicher Wärme. Korczak kann und muß sicherlich als eine der herausragendsten Persönlichkeiten dieses Jahrhunderts gesehen werden. Sein Leben ist voller Wertschätzung und Respekt für Kinder und damit eine unumgängliche Orientierung für eine humanistisch geprägte Pädagogik.

März, Fritz: Macht oder Ohnmacht des Erziehers? Von pädagogischen Optimisten, Pessimisten, Realisten, Bad Heilbrunn 1993.

Die Meinungen über die Bedeutung und den Spielraum einer Pädagogik, über Macht und Ohnmacht von Erzieherinnen, die Breite der Lernfähigkeit und die Erziehbarkeit des Menschen gehen weit auseinander. Die Antworten können dabei drei Positionen zugeteilt werden, die eine lange Geschichte aufweisen und für die die Bezeichnungen pädagogischer Pessimismus, pädagogischer Optimismus und pädagogischer Realismus gebräuchlich geworden sind. Das Buch bietet viele Zeugnisse zu jeder dieser Grundauffassungen vom Menschen. Die Reflexion dieser Zeugnisse kann das Nachdenken über Sinn und Unsinn des eigenen erzieherischen Handelns anregen und jene, die als Erzieherinnen die Verantwortung tragen, vor der Naivität einiger Optimisten, der Kurzsichtigkeit mancher Realisten und vor der lähmenden Resignation mancher Pessimisten bewahren, um den eigenen Königsweg zu finden.

Misseldine, W. Hugh: In dir lebt das Kind, das du warst. Vorschläge zur Bewältigung des Alltags, Stuttgart 9. Aufl. 1990.

„Viele Menschen müssen unter seelischen Störungen leiden, weil sie sich von Gewohnheiten ihrer Kindheit nicht freimachen können. Sie

reagieren immer noch wie das zu sehr verwöhnte, zu ängstlich be-
handelte, zu streng oder zu nachsichtig erzogene Kind von früher.
Je weniger sich die Menschen von ihrem Kindheits-Ich trennen können, um so stärker fühlen sie sich in ihre ehemalige Rolle bzw. die
ihrer Eltern hineingedrängt." Misseldine macht in seinem Buch Vorschläge, wie man als Erwachsener lernen kann, diese pathogenen
Haltungen zu beeinflussen. Er spricht damit gerade die pädagogischen Fachkräfte an, die sich für ihre eigene Entwicklung interessieren und sich deutlich weiterentwickeln wollen. Sein Buch ist sicherlich ein Standard-Werk, um aus schmerzhaften Widersprüchen,
unrealistischen Erwartungen und immer wiederkehrenden Lebenserfahrungen herauszufinden, so daß das „innere Kind" zu einem rei-
fen „Erwachsenen-Ich" finden wird.

Mogel, Hans: Geborgenheit. Psychologie eines Lebensgefühls, Berlin/
Heidelberg/New York 1995.

Geborgenheit ist ein zentraler Inhalt des menschlichen Lebens, den
die Wissenschaften vom Menschen bis in unsere Zeit hin vernachlässigt haben. So hat der Autor, Inhaber des Lehrstuhls für Psychologie der Universität Passau, untersucht, wie sich die Vorstellungen
von Geborgenheit im Laufe des Lebens wandeln und wie sich das
Geborgenheitserleben von Männern und Frauen unterscheidet. Er
zeigt den Menschen als Geborgenheitswesen, der von der frühen
Kindheit bis zum Alter nach Geborgenheit sucht. Dieses Erleben ist
ganzheitlich und betrifft die seelischen als auch die körperlichen
und geistigen Kräfte. Eine Pädagogik kann nur dort gelingen, wo Erwachsene ein hohes Maß an eigener Geborgenheit – durch sich
selbst – in sich tragen und gleichzeitig den Kindern das tiefe Gefühl
der Geborgenheit vermitteln.

**Morgenroth, Hannelore: Den roten Faden finden. Auswege aus dem
Labyrinth unseres Lebens**, München 1995.

Es kann immer wieder passieren, daß Menschen sich in schwer ent-
wirrbare Probleme verwickeln, gefesselt an Herkunft und Anlagen,
gekettet an vergangene Erfahrungen und einen scheinbar unlösba-

ren Erwartungsdruck. Dann ist es besonders schwer, den roten Faden, der aus diesem Lebenslabyrinth führen könnte, zu finden. Die Autorin macht in ihrem Buch viele Vorschläge. Es ist eine Art Übungsbuch, das sowohl für einzelne als auch für Gruppenarbeit ausgerichtet ist. Träume, Symbole, biblische Erzählungen, Märchen und Mythen haben dabei eine lange Kulturgeschichte, als Ausdrucksform der Seele Pate zu sein. Durch die Wahrnehmung und intensive Auseinandersetzung mit diesen archetypischen Bildern kann es gelingen, den roten Faden neu zu entdecken und damit die eigene Identität neu aufzubauen.

Münnix, Norbert und Gabriele: Leben statt gelebt zu werden. Wie wir Kindern Orientierung geben, Zürich und Düsseldorf 1998.

Die beiden Autoren haben mit diesem ungewöhnlichen und eindrucksvollen Buch den gelungenen Versuch unternommen, eine Diskussion um Werte und Merkmale einer Werteerziehung in Gang zu bringen. Ihre Überlegungen sind durch philosophische, politische, gesellschaftskritische, psychologische und pädagogische Gedanken, Zitate und Beispiele geprägt. Sie führen Leserinnen und Leser dazu, die Pädagogik der Gegenwart mit konstruktiven Blicken in die Vergangenheit zu betrachten, um aus einer Bestandsaufnahme heraus eine Pädagogik der Zukunftsorientierung zu entwerfen, eine Pädagogik, die von Achtung und Wertschätzung sowie einer hohen Verantwortung für sich und andere geprägt sein muß.

Nerin, William F.: Versöhnung mit den Eltern. Frei werden für das eigene Leben, München 1994.

Wer bin ich? Was kann ich wirklich, und was traue ich mir zu? Warum haben sich meine Eltern in bestimmten Situationen so verhalten, und nicht anders? Welchen Einfluß haben meine Eltern auf meine individuelle Entwicklung gehabt, und wie stark bin ich (unwiderruflich) geprägt? Die Beschäftigung mit Fragen solcher oder ähnlicher Art läßt die eigene Biographie verständlicher werden. Und es wird leichter, Beziehungen zu anderen Menschen aufzubauen: zu Kindern und Erwachsenen. Der Autor zeigt mit diesem

Buch, wie spannend und notwendig es für pädagogische Fachkräfte ist, mit Hilfe der Familienrekonstruktion nach den eigenen Wurzeln zu suchen, um damit frühe Kindheitswunden heilen und für das weitere Leben ein größeres, stabileres Selbstwertgefühl erlangen zu können.

Nuber, Ursula: Die Egoismus-Falle. Warum Selbstverwirklichung so oft einsam macht, Zürich 1993.

Karriere, Aussehen, Selbstverwirklichung, Freizeit, Selbstfixierung und Geld: Viele Menschen sind mit sich selbst vollauf beschäftigt – und die anderen sind es auch! Zwischen diesem Lebensstil, dem sozialen Rückzug und der großen Zeitkrankheit Depression/burn-out gibt es einen Zusammenhang. Dieses Buch versucht, ihn herzustellen und weist zugleich über das Ende der selbstfixierten Nabelschau hinaus auf andere Formen des Umgangs mit sich selbst und anderen. Dazu widmet sich die Autorin sechs spannenden Schwerpunkten: der Triumphzug des Ichs – der egoistische Narzißt; der Preis des Egoismus – die Flucht vor dem Selbst; Verfügung zum Egoismus – Werbung als Lebensmodell; egoistische Helfer – Helfen macht high; Frauen – das „bessere" Geschlecht – Identität durch Bindung; vom Ich zum Du – Individuation statt Egoismus.

Raith, Werner und Xenia: Moral ist, was nur Große dürfen. Das Wahre, Schöne, Gute und das Kind, Düsseldorf 1994.

„Es gibt nichts Gutes, außer man tut es", sagte einst der Moralist Erich Kästner. Und auf die Frage: „Und wo bleibt die Moral, Herr Kästner?", antwortete er mit der Gegenfrage: „Ja, wo bleibt sie denn?" Auch Kinder haben es mit dem „Wahren, Schönen und Guten" nicht gerade leicht. Standardermahnungen als moralische Zeigefinger zeugen fast immer von wenig Logik und von viel Willkür. Was wird Kindern angetan, wenn ihnen Verhaltensweisen vermittelt werden, die von einem abstrakten Kodex bestimmt, ihnen selbst jedoch nicht (un-)mittelbar einsichtig sind? Läßt sich der „moralische Zeigefinger" abschaffen? Doch wo bleibt dann die Moral? Diesen und vielen weiteren Fragen gehen die Autoren nach: lebendig, humorvoll, deutlich und in selbstkritischer Art und Weise.

Raue, Roswitha: Was ist das Beste für mein Kind? Lebensbilder von Jugendlichen, Modautal 1997.

Kinder- und Jugendzeiten sind Traumzeiten und harte Realität zugleich. Die Welt gehört ihnen und wiederum auch nicht. Idole beherrschen viele Kinder- und Jugendherzen, und Ideale zerplatzen am wirklichen Leben. Kinder und Jugendliche wollen eigene Wege beschreiten, Lebensspuren hinterlassen und sich unverwechselbar in ihrer ersehnten Einmaligkeit präsentieren. Oftmals sind es laute, manchmal sind es leise Signale, die ein intensives Zuhören, Hinhören und Beobachten von uns Erwachsenen verlangen. Die lauten und leisen Hilferufe junger Menschen besser verstehen zu können; darauf sind Inhalt und Stil dieses Buches ausgerichtet.

Samuels, Arthur und Lukan, Elisabeth: Im Einklang mit dem inneren Kind. Ein meditativer Weg zu sich selbst, Freiburg 2. Aufl. 1996.

In jedem Menschen steckt ein „inneres Kind". Dieses oft vernachlässigte, überforderte, unterdrückte, geängstigte, gekränkte oder verletzte Kind in uns braucht Hilfe und Heilung, um eine neue, stabile Identität auf- bzw. auszubauen. Arthur Samuels von der Lousiana State University hat die Methode der heilenden Meditation mit dem inneren Kind entwickelt. Sie kombiniert die Transaktionsanalyse mit Erfahrungen alter Meditationspraxis. Die Autoren haben acht interessante Schwerpunkte für ihre Publikation gewählt: Überwindung der inneren Leere, Meditation mit dem inneren Kind, Frieden schließen mit der Vergangenheit, Leiden und Trauer verwandeln, beglückende Nähe erfahren, Schritte zum Heilwerden, Wege, die in die Tiefe führen, und Bewegungsschritte in die Richtung eigener Visionen.

Savater, Fernando: Ethik für Erwachsene von morgen, Frankfurt a.M./
Lizenzausgabe für die Bundeszentrale für politische Bildung, Bonn
1993.

Der Autor, Professor für Ethik an der Universität in Bilbao (Spa-
nien), hat, wie er selbst schreibt, nicht das Ziel, „richtig" denkende
Bürger hervorzubringen (noch viel weniger „falsch" denkende),
sondern die Förderung der Heranbildung selbständig denkender
Menschen. Obgleich es für Heranwachsende erdacht und geschrieben ist, greift es ethische Fragen und Problemfelder auf, die selbstverständlich auch von Erwachsenen zu bedenken sind. Sein Schreib-
stil ist erzählend, und dennoch haben seine Inhalte eine jederzeit
bewundernswerte Tiefe.

Singer, Kurt: Zivilcourage wagen. Wie man lernt, sich einzumischen,
München 1992.

„Je mehr Bürger mit Zivilcourage ein Land hat, desto weniger Hel-
den wird es einmal brauchen." (Franca Magnani) Dieses Buch handelt von Zivilcourage und Bürgermut. Es ist entstanden am Ende
eines Jahrhunderts, in dem Gehorsam, Angepaßtheit und Mitläufer-
tum höchst fragwürdige Tugenden und Verhaltensweisen geworden
sind. In jüngster Zeit wächst das Bewußtsein dafür, daß Wegsehen,
Hinnehmen und Ignorieren Haltungen sind, die weltweit die Praxis
der Natur- und Beziehungszerstörung unterstützen. Dieses Buch
wendet sich an diejenigen, die erkennen, wie notwendig heute eine
aktive Beteiligung und Veränderungen auf vielerlei Ebenen (geworden) sind. Der Autor, Professor für Pädagogische Psychologie in
München, geht dabei auf folgende Fragen ein: Wie können wir lernen, sachkundig die eigene Meinung zu äußern, zivil zu bleiben und
uns von der Aggressivität der Situationen nicht anstecken zu lassen,
mit unserer Angst vor übergeordneten Personen umzugehen, die
Tradition des Gehorsams zu überwinden und die Einsamkeit zu er-
tragen, die in Mutsituationen entsteht? Das Buch will daher einen
Beitrag leisten, sich dort zu widersetzen, wo es um die Deformation
von Leben und konstruktiver Entwicklung geht.

Wißkirchen, Hubert: Die wiederentdeckte Erziehung. Kinder suchen Autorität und Orientierung, München 1995.

Seit einigen Jahren befindet sich die Pädagogik in einer Krise, weil unterschiedliche Richtungen und Dogmen mit teilweise großer Vehemenz eine „Alleingültigkeit" für sich fordern. Gleichzeitig leben wir alle in einer Gesellschaft, in der Werte aufgekündigt wurden und neue Sinngebungen neue Werte vermitteln wollen. Der Autor, der als Dozent an einer katholischen Fachakademie für Sozialpädagogik unterrichtet, beschreibt in eindringlicher und gut verständlicher Art und Weise die Entwicklung des Kindes im Brennpunkt dogmatischer Erziehungslehren, stellt die pädagogischen Gesetze der anthropologischen Vernunft vor und geht schließlich auf die Pädagogik im Brennpunkt menschlicher Erkenntnis ein.

Anmerkung zu den Literaturangaben:

Unsere schnellebige Zeit hat dazu beigetragen, daß nur die Aktualität der Gegenwart zählt. Was gestern noch eine Bedeutung hatte, kann heute schon vergessen und unbeachtet in einer Schublade liegen. Die o. g. Publikationen sind allesamt „Meilensteine" in diesem Fachbereich. Da sie teilweise auch schon „etwas älter" sind, kann es sein, daß u. U. das eine oder andere Exemplar nach dem Ausverkauf nicht mehr neuaufgelegt wurde. Es empfiehlt sich in diesem Fall, in Büchereien nachzufragen oder Kolleginnen auf diese bedeutsamen Veröffentlichungen anzusprechen.

Armin Krenz

Armin Krenz / Roswitha Raue
**Bewegung im „Situations-
orientierten Ansatz"**
Neue Impulse für Theorie und
Praxis
160 Seiten, Paperback
ISBN 3-451-26136-7

Armin Krenz / Heidi Rönnau
**Entwicklung und Lernen im
Kindergarten**
Psychologische Aspekte und
pädagogische Hinweise für die
Praxis
144 Seiten, Paperback
ISBN 3-451-20128-3

Armin Krenz
Handbuch Öffentlichkeitsarbeit
Professionelle Selbstdarstellung
für Kindergarten, Kindertagesstätte und Hort
240 Seiten, gebunden
ISBN 3-451-26966-X

Armin Krenz
Kinderfragen gehen tiefer
Hören und verstehen, was sich
hinter Kinderfragen verbirgt
Herder/Spektrum, Band 4357
ISBN 3-451-04357-2

Armin Krenz
Kompetenz und Karriere
Für ein neues Selbstverständnis
der Erzieherin
160 Seiten, Paperback
ISBN 3-451-26908-2

Armin Krenz
**Die Konzeption - Grundlage
und Visitenkarte einer
Kindertagesstätte**
Hilfen zur Erstellung und
Überarbeitung von
Einrichtungskonzeptionen
176 Seiten, Paperback
ISBN 3-451-23630-3

Armin Krenz
**Der „Situationsorientierte
Ansatz" im Kindergarten**
Grundlagen und Praxis
144 Seiten, Paperback
ISBN 3-451-26733-0

Armin Krenz
**Was Kinderzeichnungen
erzählen**
Kinder in ihrer Bildsprache
verstehen
Mit 8 Farbtafeln und zahlr.
s/w-Abbildungen
192 Seiten, Klappenbroschur
ISBN 3-451-23695-8

Armin Krenz
Was Kinder brauchen
Entwicklungsbegleitung im
Kindergarten
Erzieherin heute
96 Seiten, Paperback
ISBN 3-451-23576-5

HERDER   *Im Buchhandel erhältlich!*